MW00885980

																					1
																					2
																					3
																					4
																					5
																					6
																					7
																					8
																					9
																					10
																					11
																					12
																					13
																					14
																					15
																					16
																					17
																					18
																					19
																					20
																					21
																					22
																					23
																					24
																					25
																					26
																					27
																					28
																					29
																					30
																					31
																					32
																					33
																					34
																					35
																					36
																					37
																					38
																					39
																					40

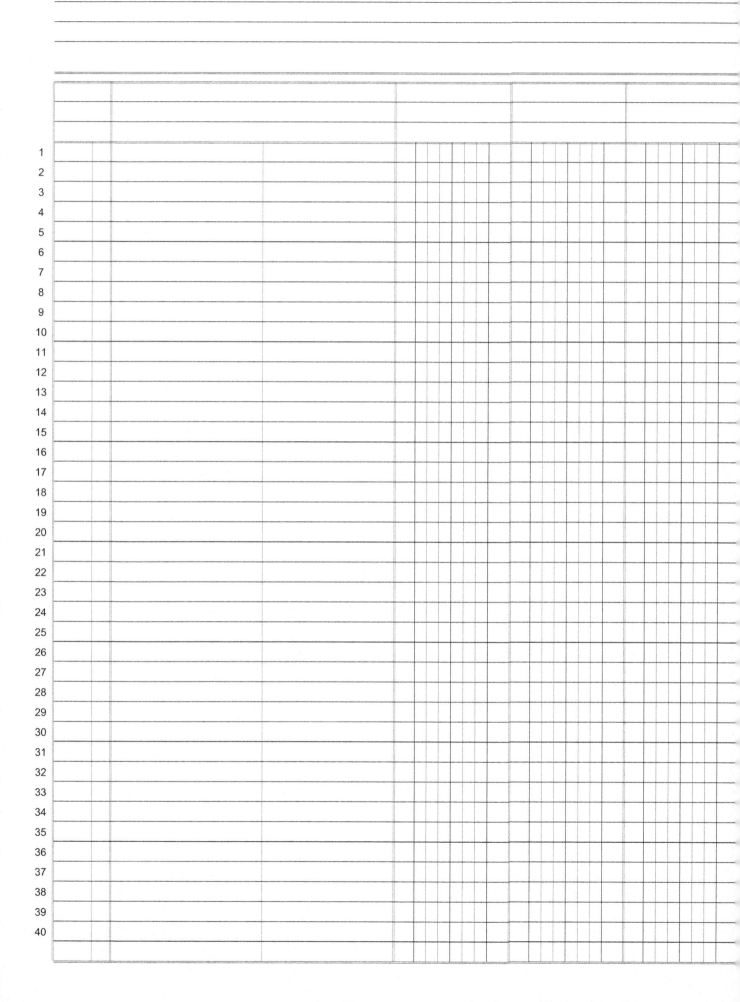

1						
2						
3						
4						
5						
6						
7						
8						
9						
10						
11						
12						
13						
14						
15						
16						
17						
18						
19						
20						
21						
22						
23						
24						
25						
26						
27						
28						
29						
30						
31						
32						
33						
34						
35						
36						
37						
38						
39						
40						

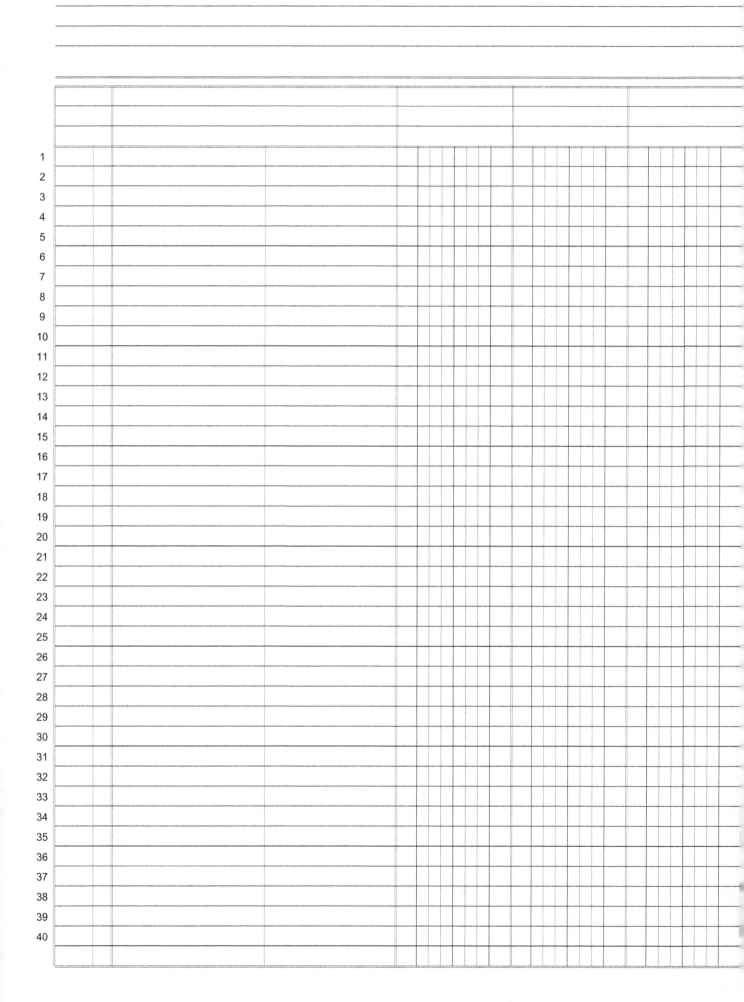

						1
						2
						3
						4
						5
						6
						7
						8
						9
						10
						11
						12
						13
						14
						15
						16
						17
						18
						19
						20
						21
						22
						23
						24
						25
						26
						27
						28
						29
						30
						31
						32
						33
						34
						35
						36
						37
						38
						39
						40

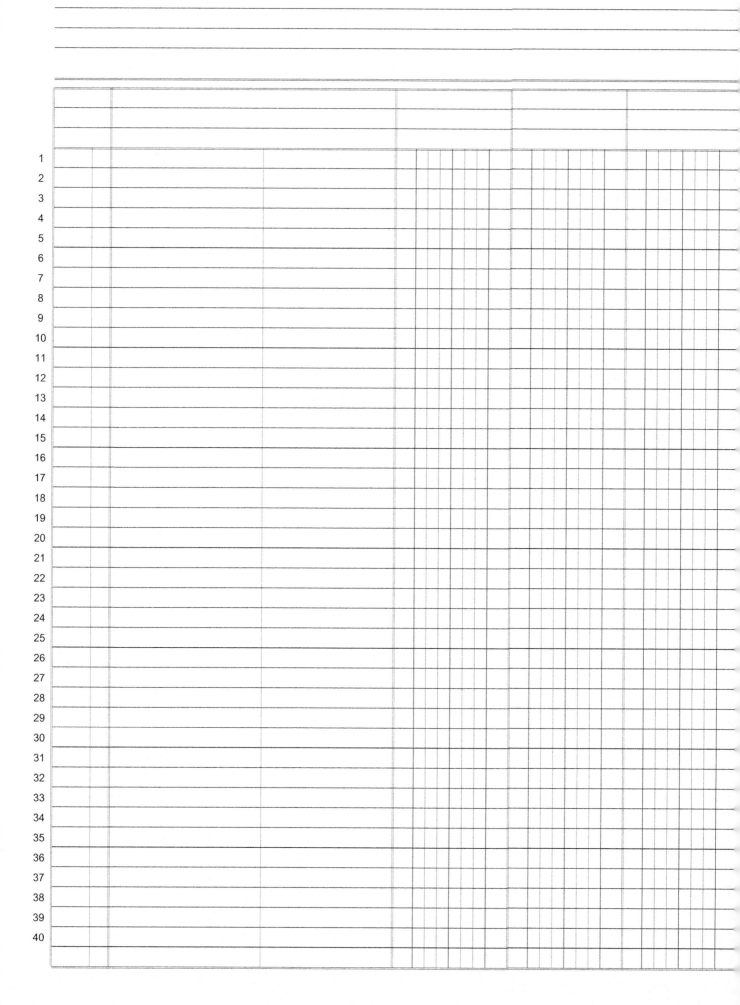

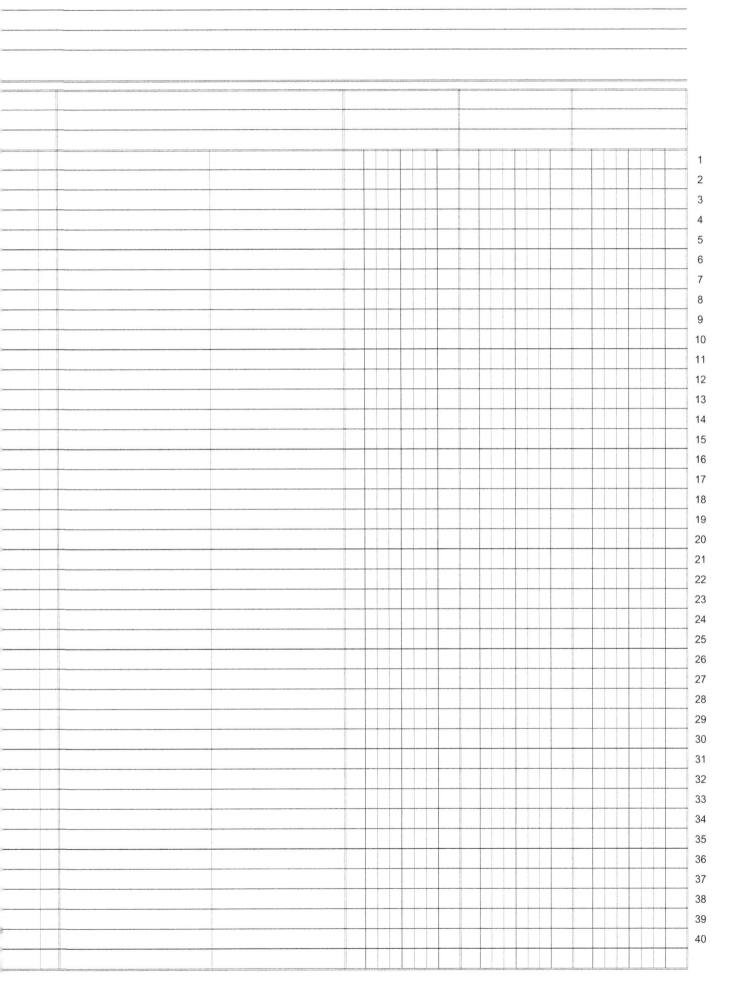

										1
										2
										3
										4
										5
										6
										7
										8
										9
										10
										11
										12
										13
										14
										15
										16
										17
										18
										19
										20
										21
										22
										23
										24
										25
										26
										27
										28
										29
										30
										31
										32
										33
										34
										35
										36
										37
										38
										39
										40

1							
2							
3							
4							
5							
6							
7							
8							
9							
10							
11							
12							
13							
14							
15							
16							
17							
18							
19							
20							
21							
22							
23							
24							
25							
26							
27							
28							
29							
30							
31							
32							
33							
34							
35							
36							
37							
38							
39							
40							

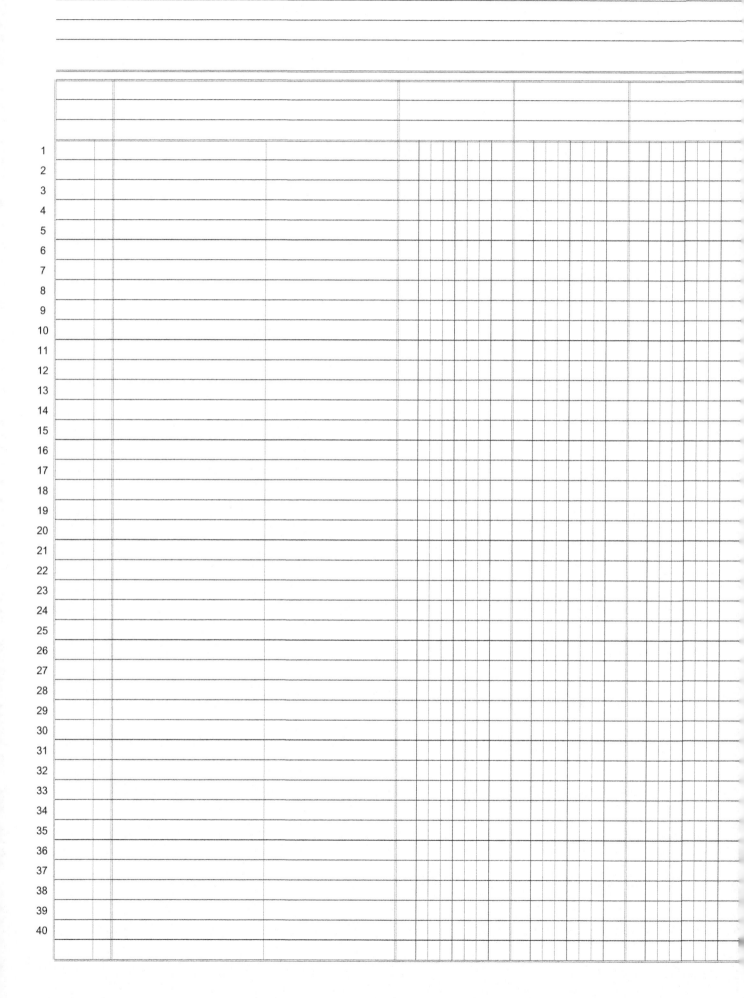

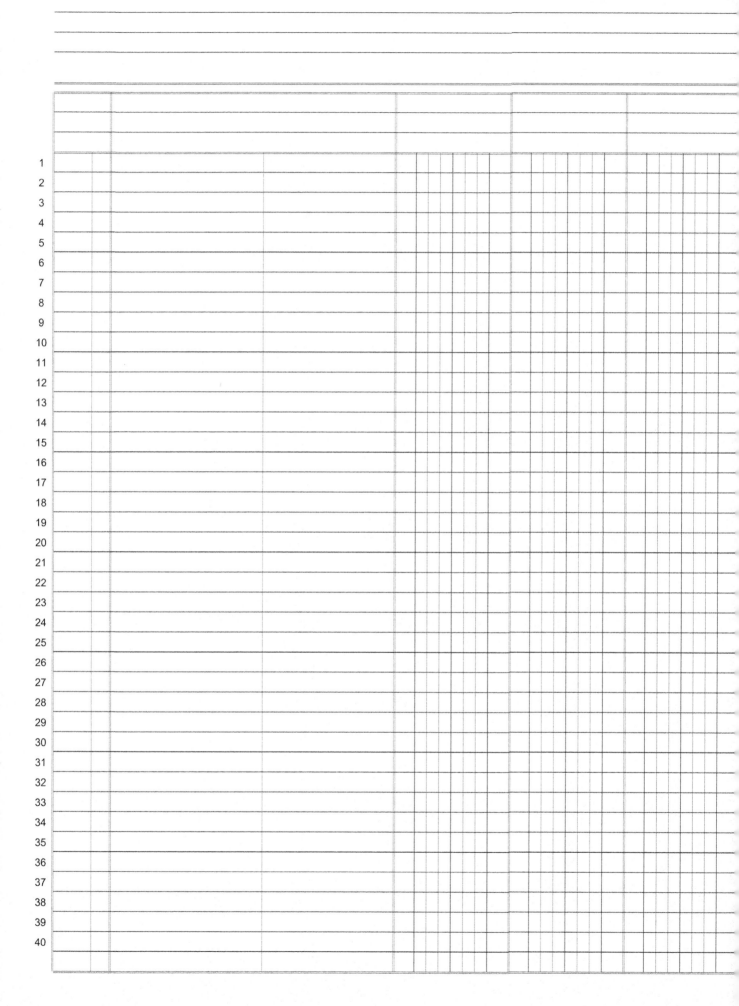

							1
							2
							3
							4
							5
							6
							7
							8
							9
							10
							11
							12
							13
							14
							15
							16
							17
							18
							19
							20
							21
							22
							23
							24
							25
							26
							27
							28
							29
							30
							31
							32
							33
							34
							35
							36
							37
							38
							39
							40

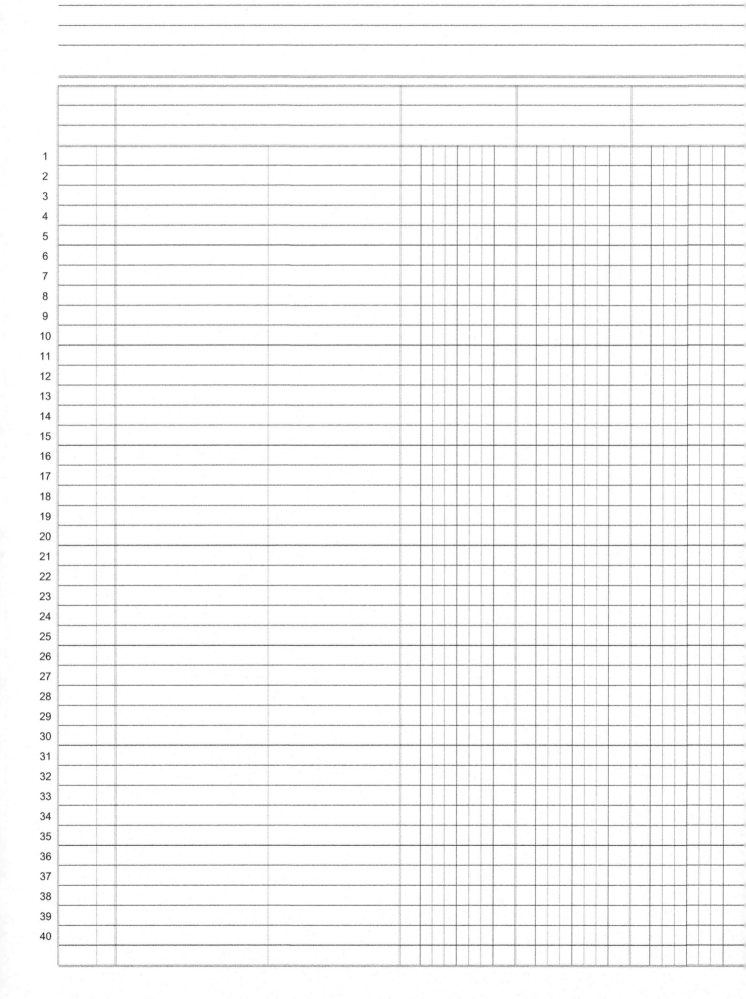

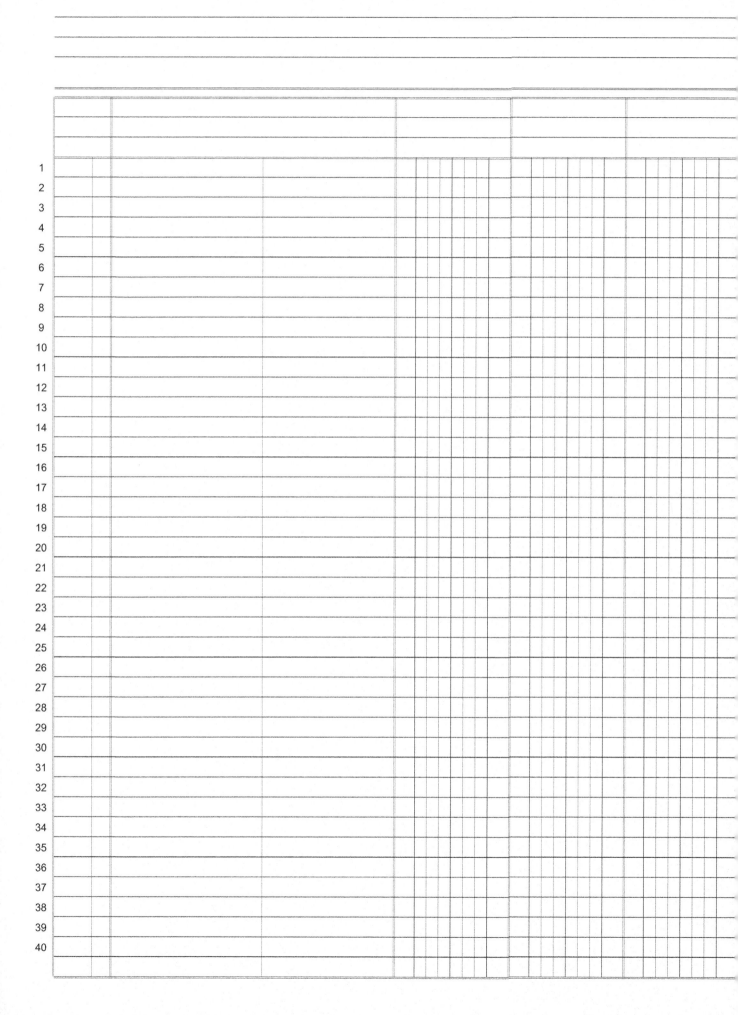

1							
2							
3							
4							
5							
6							
7							
8							
9							
10							
11							
12							
13							
14							
15							
16							
17							
18							
19							
20							
21							
22							
23							
24							
25							
26							
27							
28							
29							
30							
31							
32							
33							
34							
35							
36							
37							
38							
39							
40							

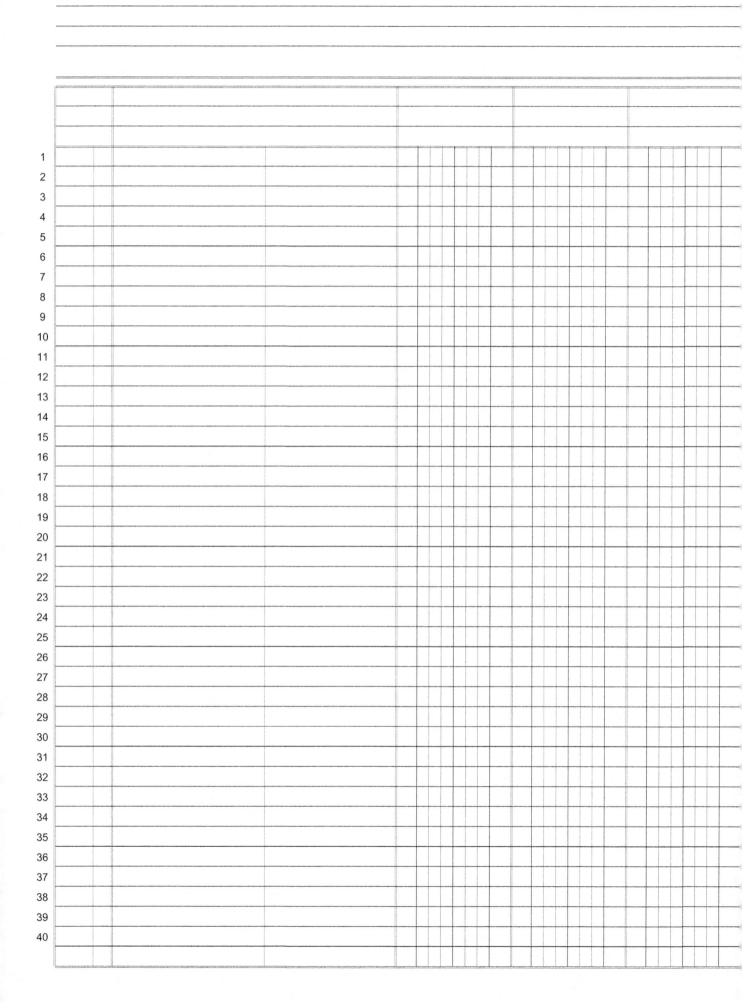

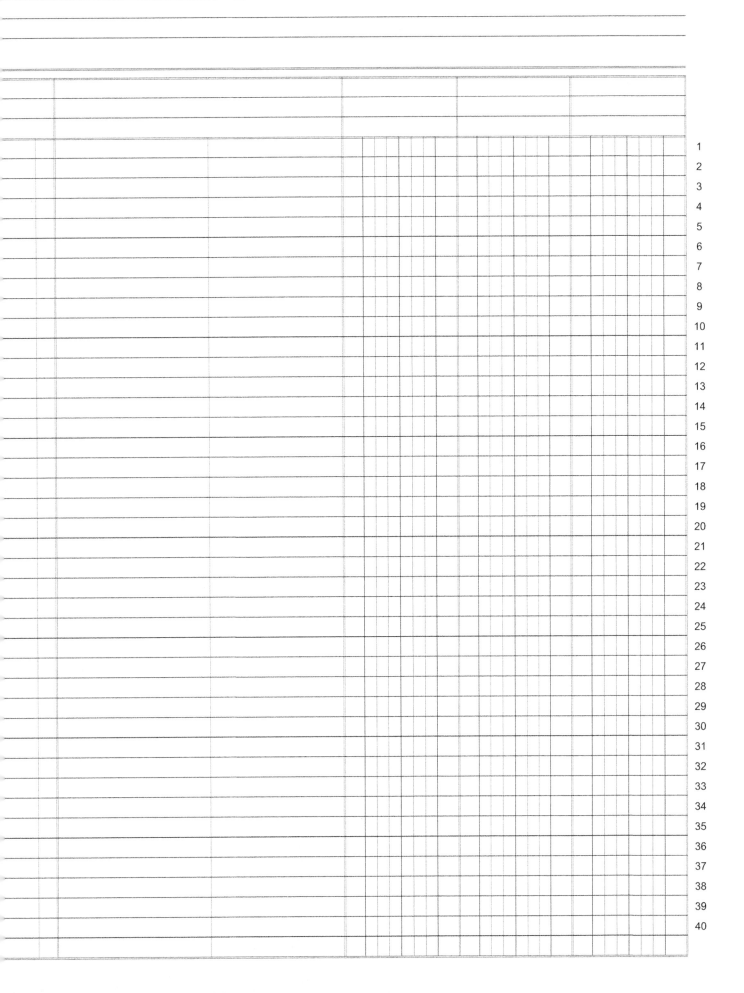

1							
2							
3							
4							
5							
6							
7							
8							
9							
10							
11							
12							
13							
14							
15							
16							
17							
18							
19							
20							
21							
22							
23							
24							
25							
26							
27							
28							
29							
30							
31							
32							
33							
34							
35							
36							
37							
38							
39							
40							

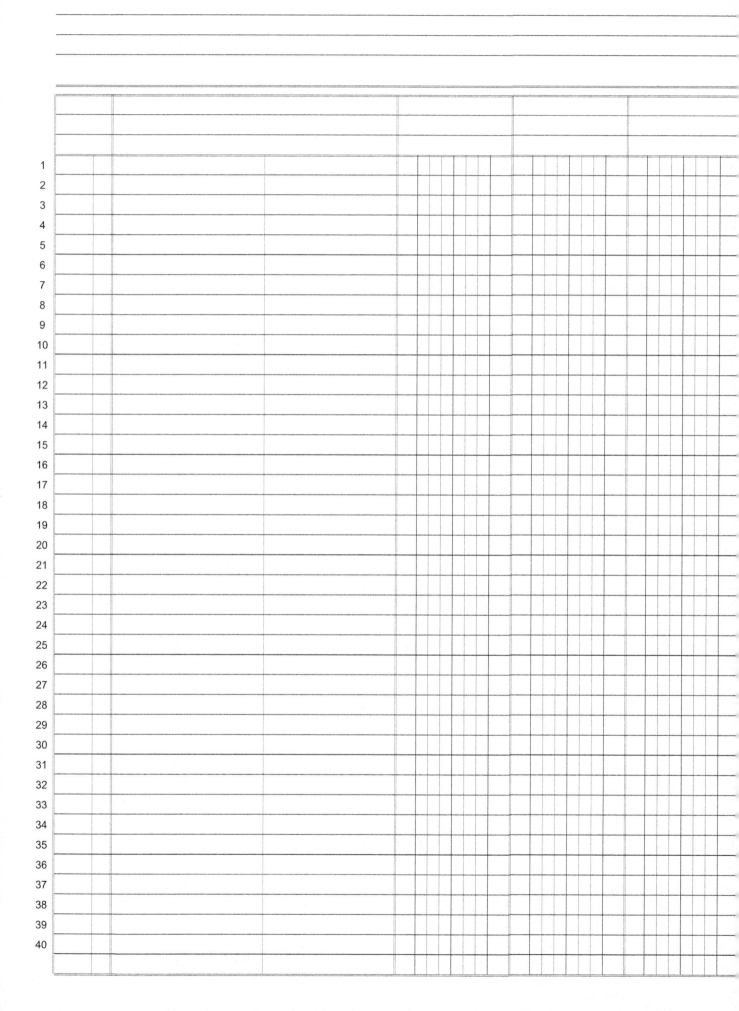

1							
2							
3							
4							
5							
6							
7							
8							
9							
10							
11							
12							
13							
14							
15							
16							
17							
18							
19							
20							
21							
22							
23							
24							
25							
26							
27							
28							
29							
30							
31							
32							
33							
34							
35							
36							
37							
38							
39							
40							

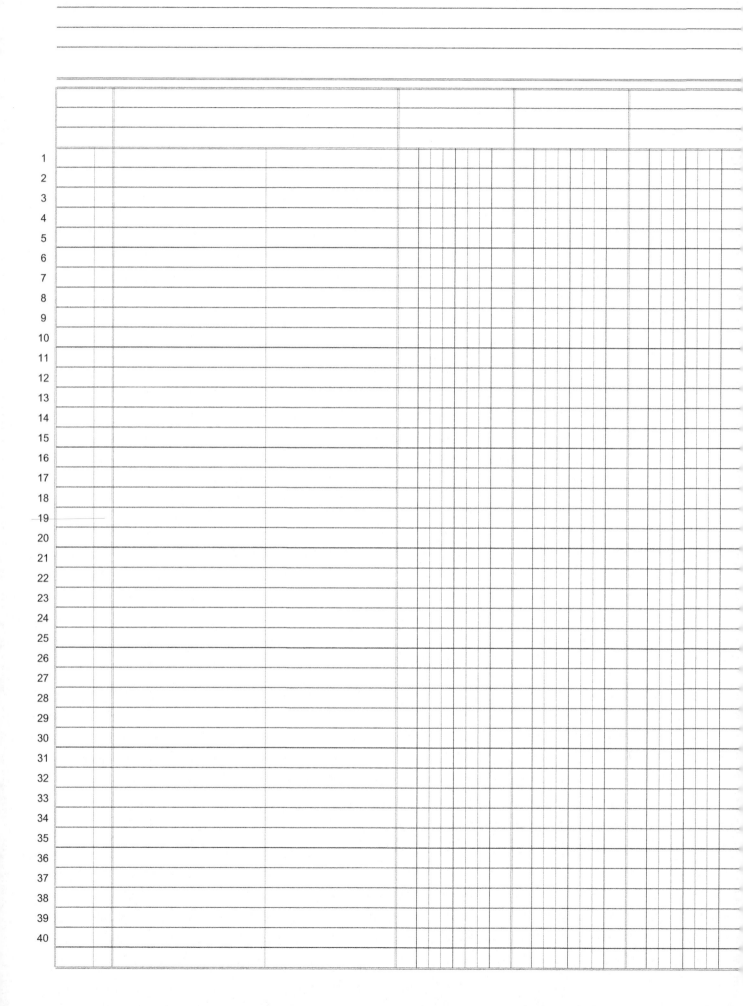

1						
2						
3						
4						
5						
6						
7						
8						
9						
10						
11						
12						
13						
14						
15						
16						
17						
18						
19						
20						
21						
22						
23						
24						
25						
26						
27						
28						
29						
30						
31						
32						
33						
34						
35						
36						
37						
38						
39						
40						

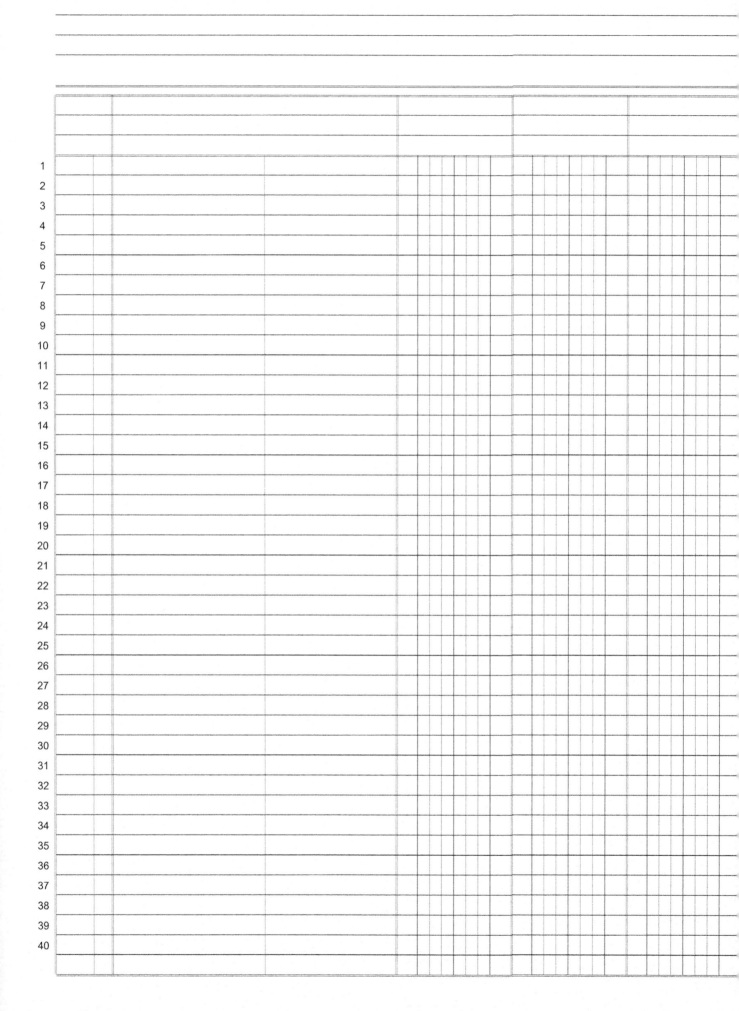

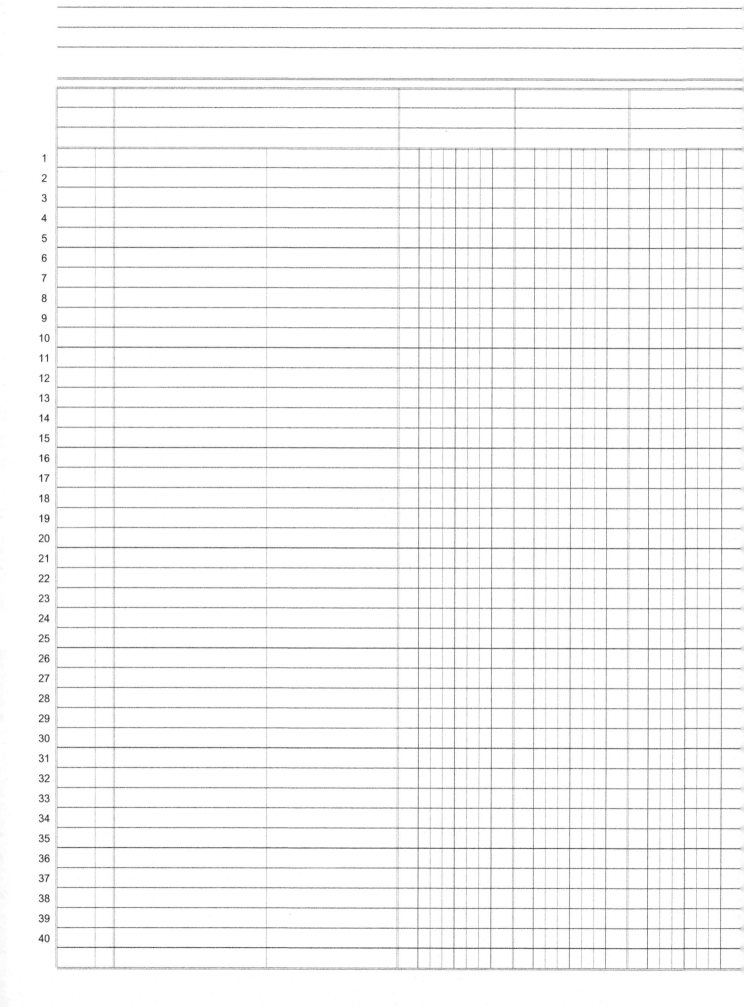

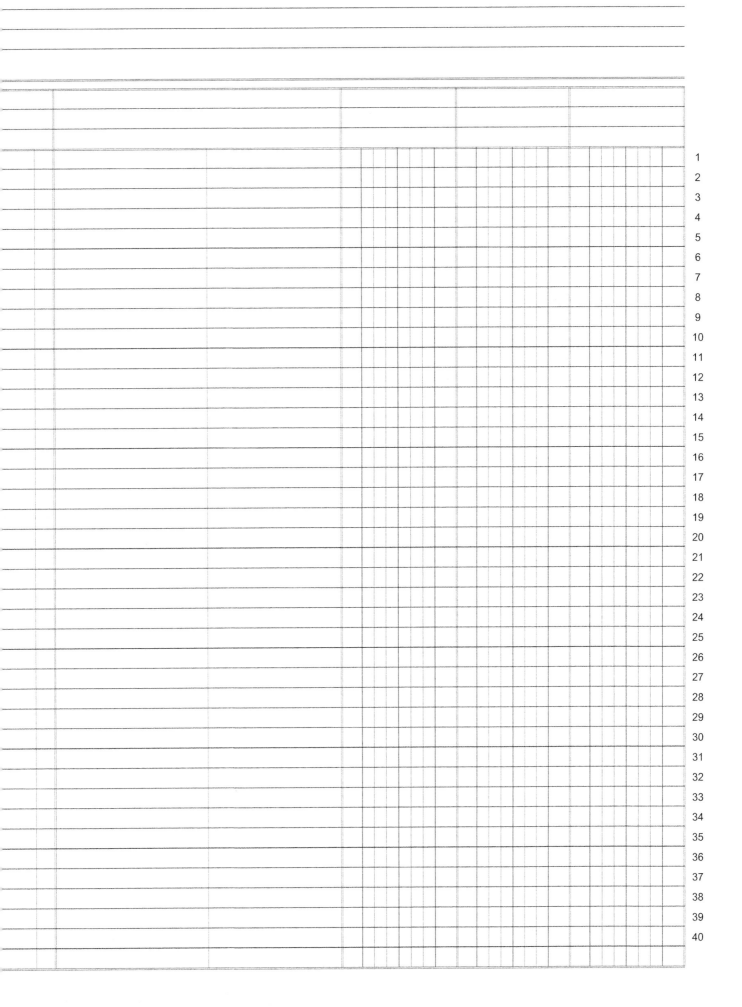

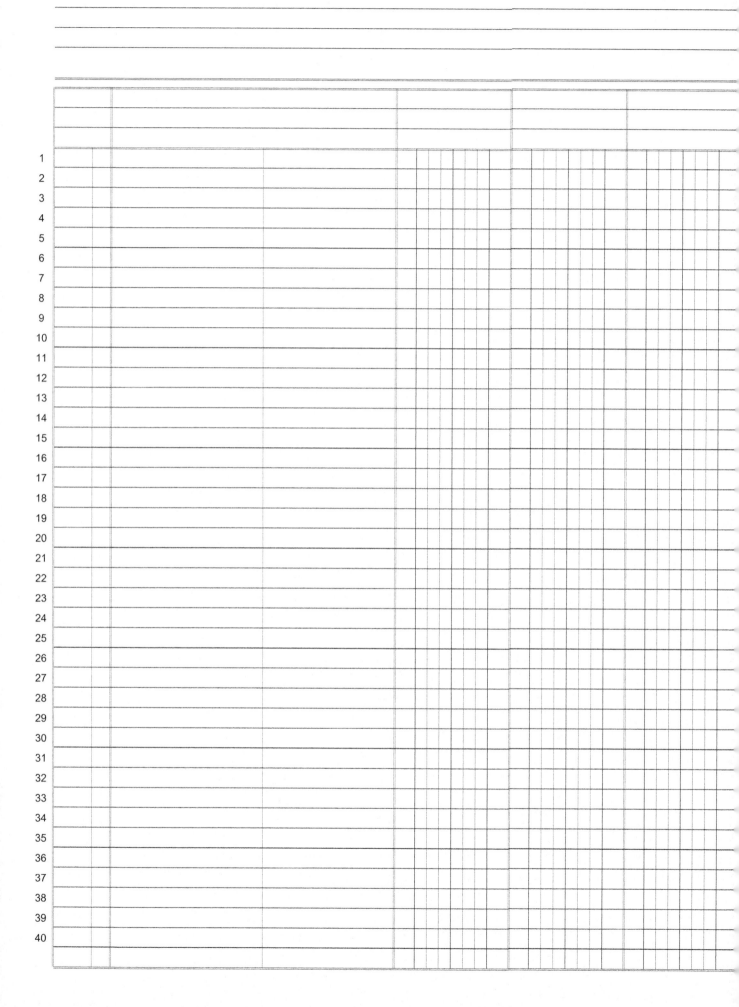

																		1
																		2
																		3
																		4
																		5
																		6
																		7
																		8
																		9
																		10
																		11
																		12
																		13
																		14
																		15
																		16
																		17
																		18
																		19
																		20
																		21
																		22
																		23
																		24
																		25
																		26
																		27
																		28
																		29
																		30
																		31
																		32
																		33
																		34
																		35
																		36
																		37
																		38
																		39
																		40

1					
2					
3					
4					
5					
6					
7					
8					
9					
10					
11					
12					
13					
14					
15					
16					
17					
18					
19					
20					
21					
22					
23					
24					
25					
26					
27					
28					
29					
30					
31					
32					
33					
34					
35					
36					
37					
38					
39					
40					

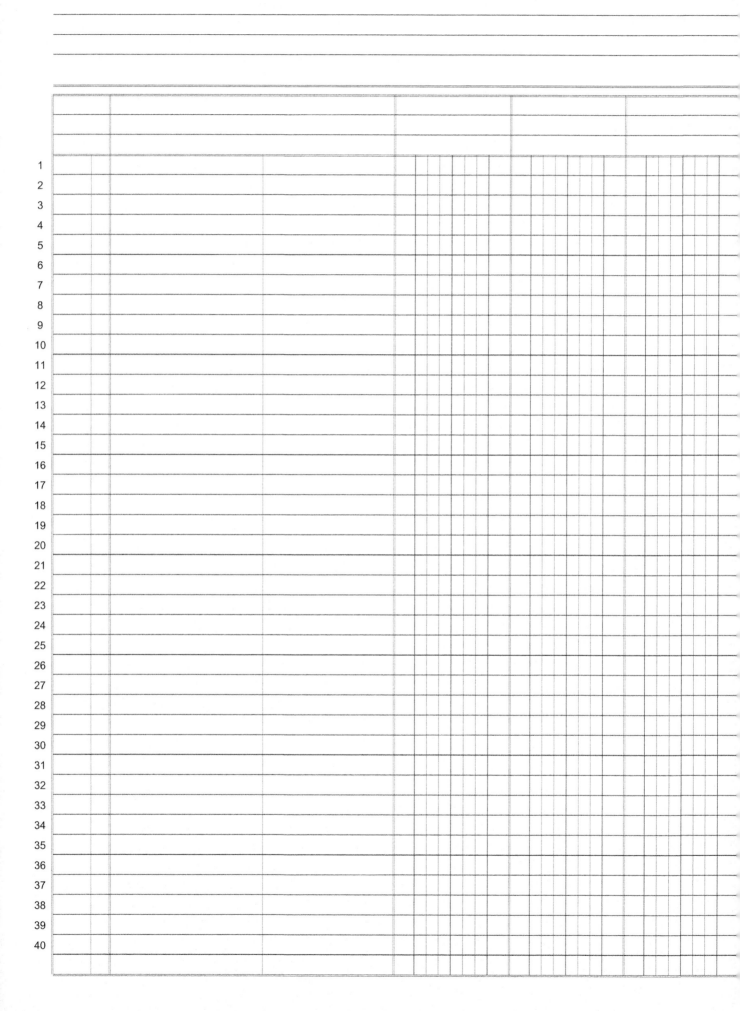

													1
													2
													3
													4
													5
													6
													7
													8
													9
													10
													11
													12
													13
													14
													15
													16
													17
													18
													19
													20
													21
													22
													23
													24
													25
													26
													27
													28
													29
													30
													31
													32
													33
													34
													35
													36
													37
													38
													39
													40

1						
2						
3						
4						
5						
6						
7						
8						
9						
10						
11						
12						
13						
14						
15						
16						
17						
18						
19						
20						
21						
22						
23						
24						
25						
26						
27						
28						
29						
30						
31						
32						
33						
34						
35						
36						
37						
38						
39						
40						

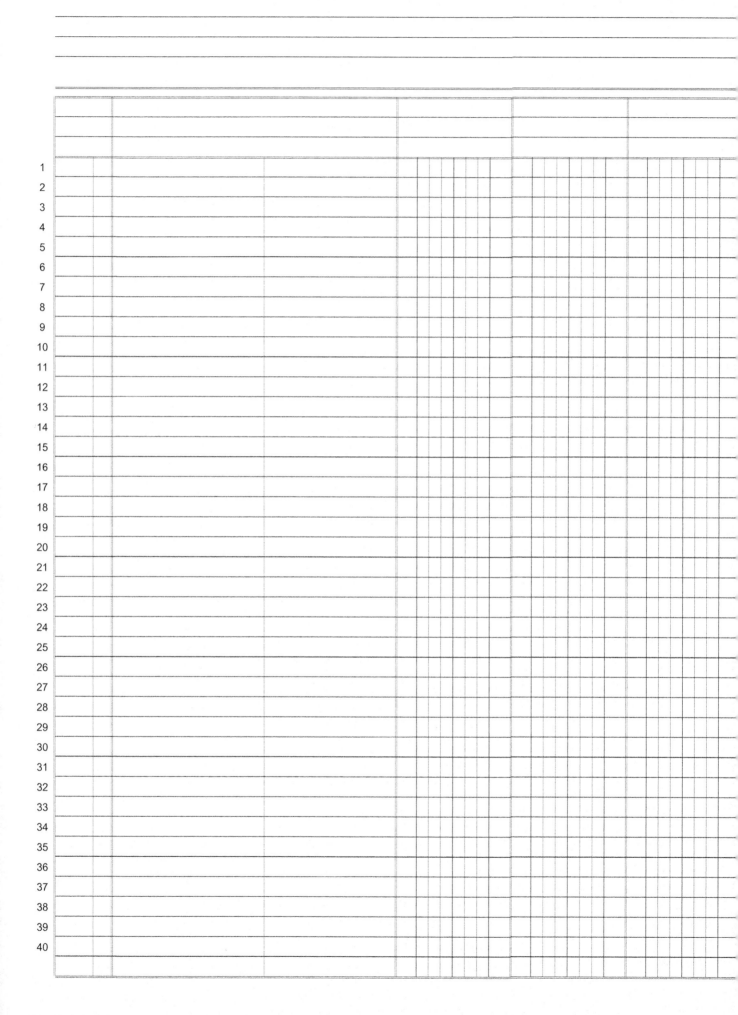

																								1
																								2
																								3
																								4
																								5
																								6
																								7
																								8
																								9
																								10
																								11
																								12
																								13
																								14
																								15
																								16
																								17
																								18
																								19
																								20
																								21
																								22
																								23
																								24
																								25
																								26
																								27
																								28
																								29
																								30
																								31
																								32
																								33
																								34
																								35
																								36
																								37
																								38
																								39
																								40

1						
2						
3						
4						
5						
6						
7						
8						
9						
10						
11						
12						
13						
14						
15						
16						
17						
18						
19						
20						
21						
22						
23						
24						
25						
26						
27						
28						
29						
30						
31						
32						
33						
34						
35						
36						
37						
38						
39						
40						

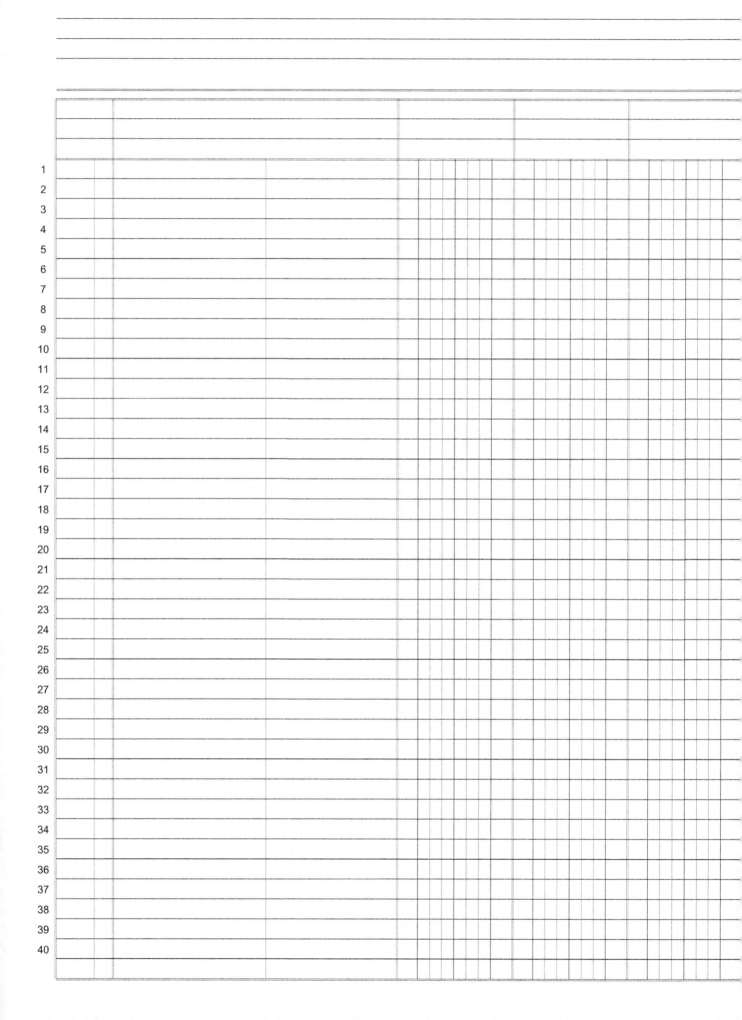

						1
						2
						3
						4
						5
						6
						7
						8
						9
						10
						11
						12
						13
						14
						15
						16
						17
						18
						19
						20
						21
						22
						23
						24
						25
						26
						27
						28
						29
						30
						31
						32
						33
						34
						35
						36
						37
						38
						39
						40

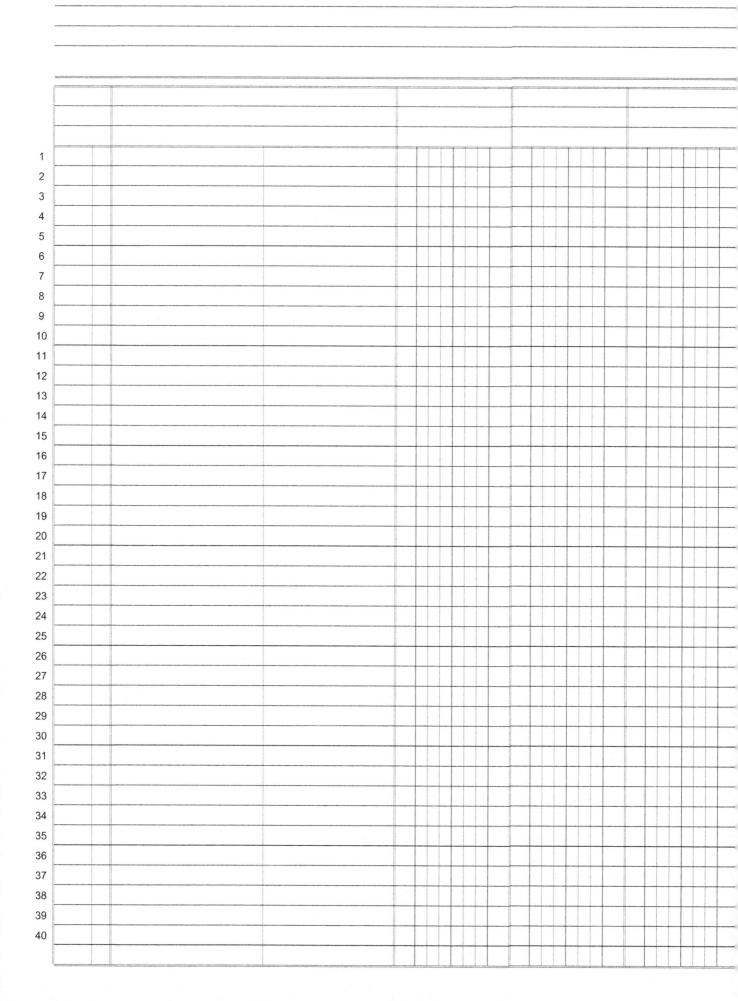

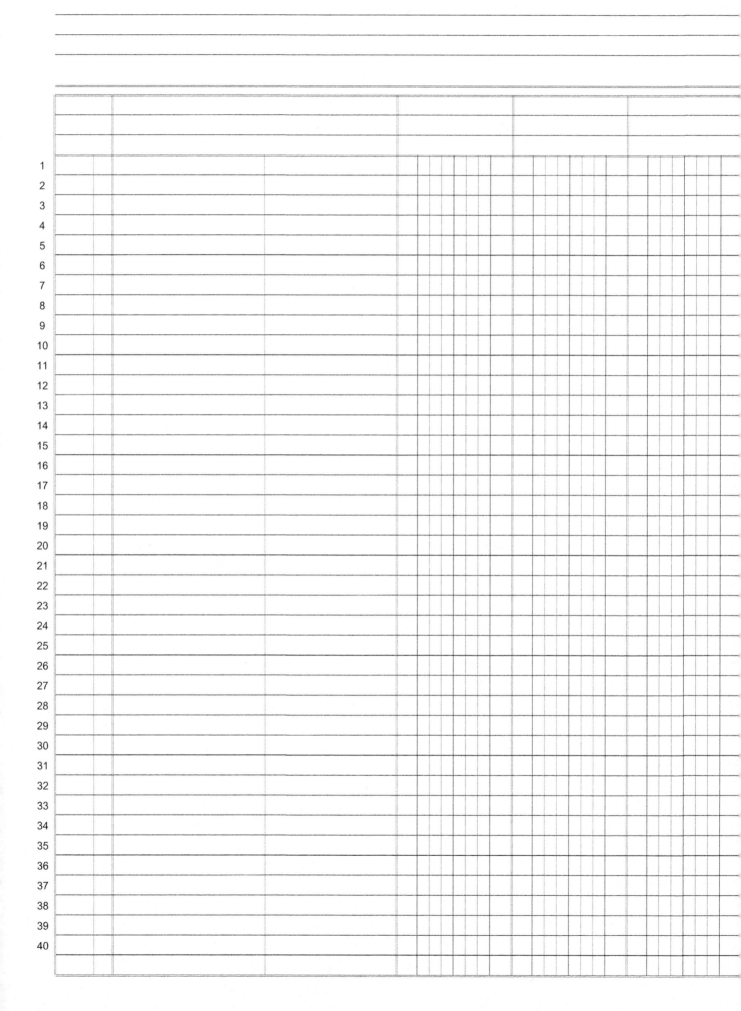

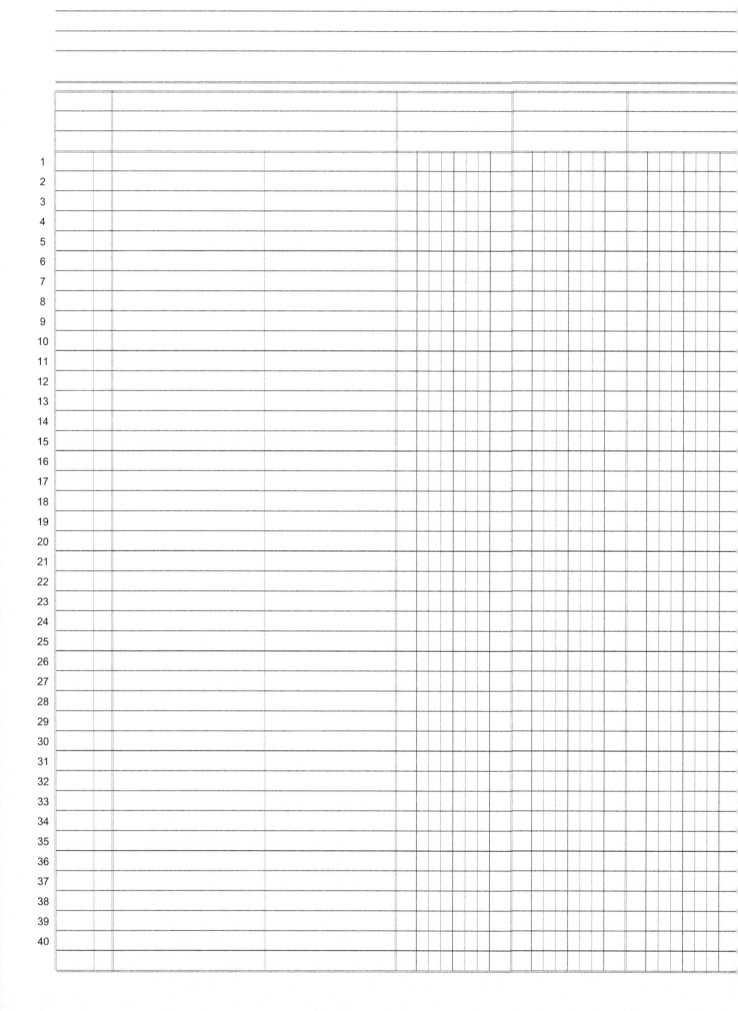

1					
2					
3					
4					
5					
6					
7					
8					
9					
10					
11					
12					
13					
14					
15					
16					
17					
18					
19					
20					
21					
22					
23					
24					
25					
26					
27					
28					
29					
30					
31					
32					
33					
34					
35					
36					
37					
38					
39					
40					

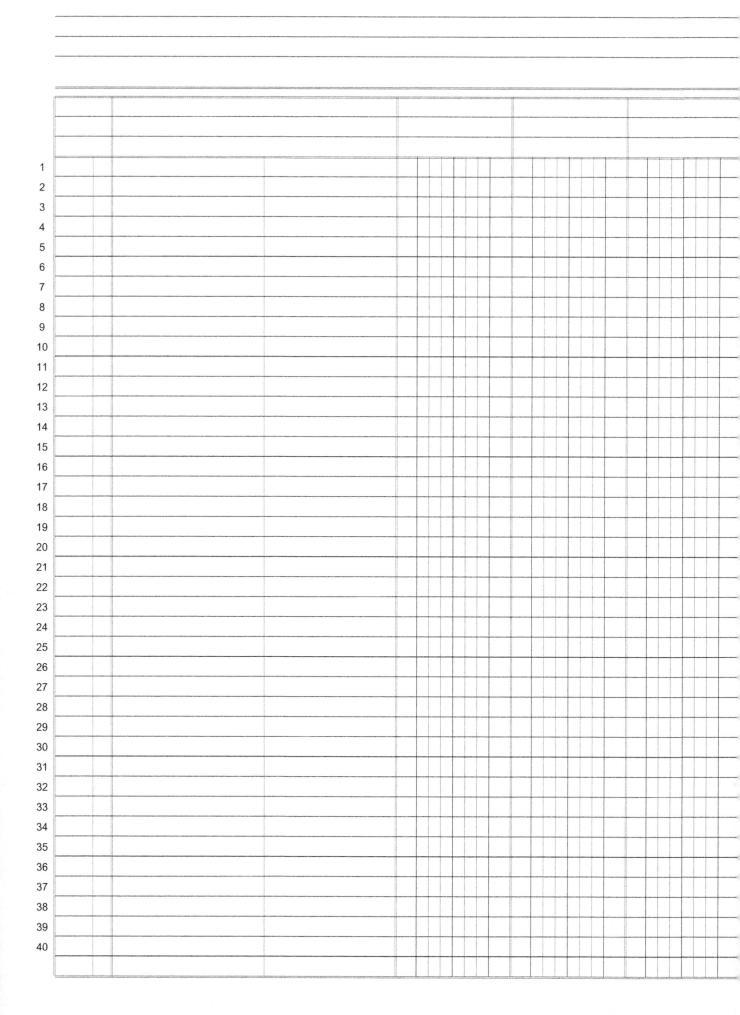

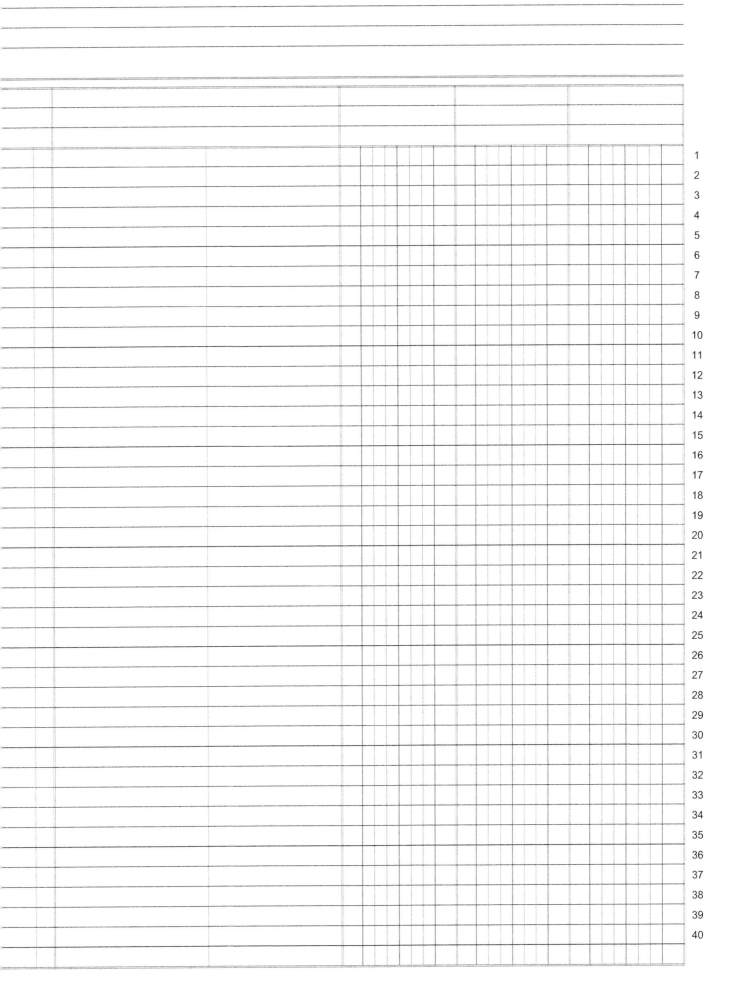

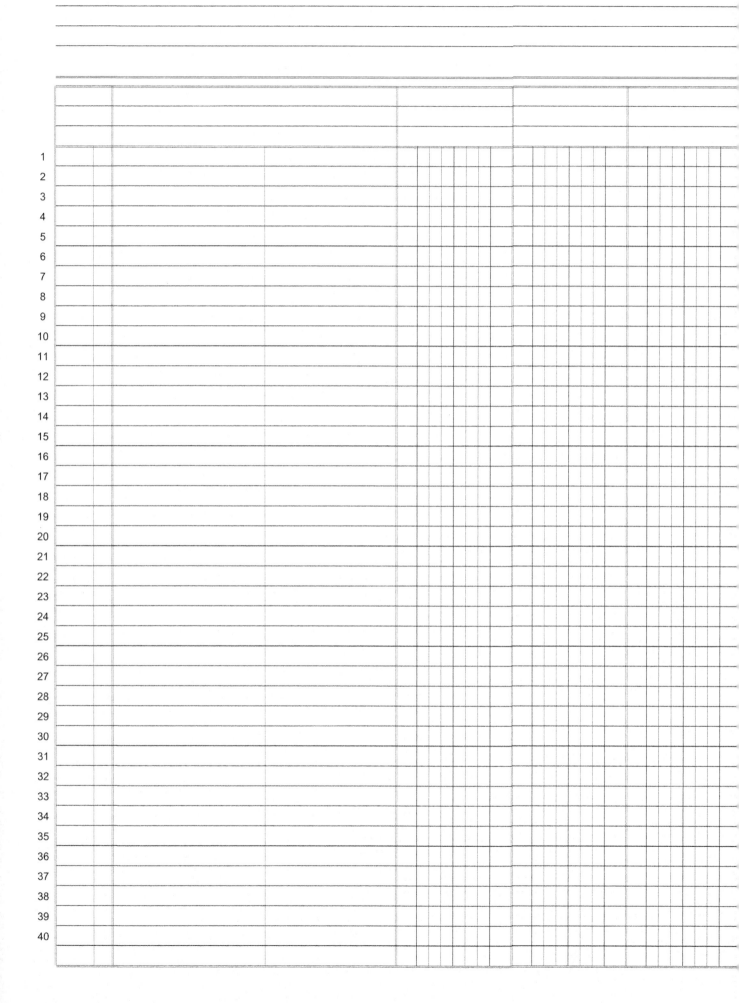

					1
					2
					3
					4
					5
					6
					7
					8
					9
					10
					11
					12
					13
					14
					15
					16
					17
					18
					19
					20
					21
					22
					23
					24
					25
					26
					27
					28
					29
					30
					31
					32
					33
					34
					35
					36
					37
					38
					39
					40

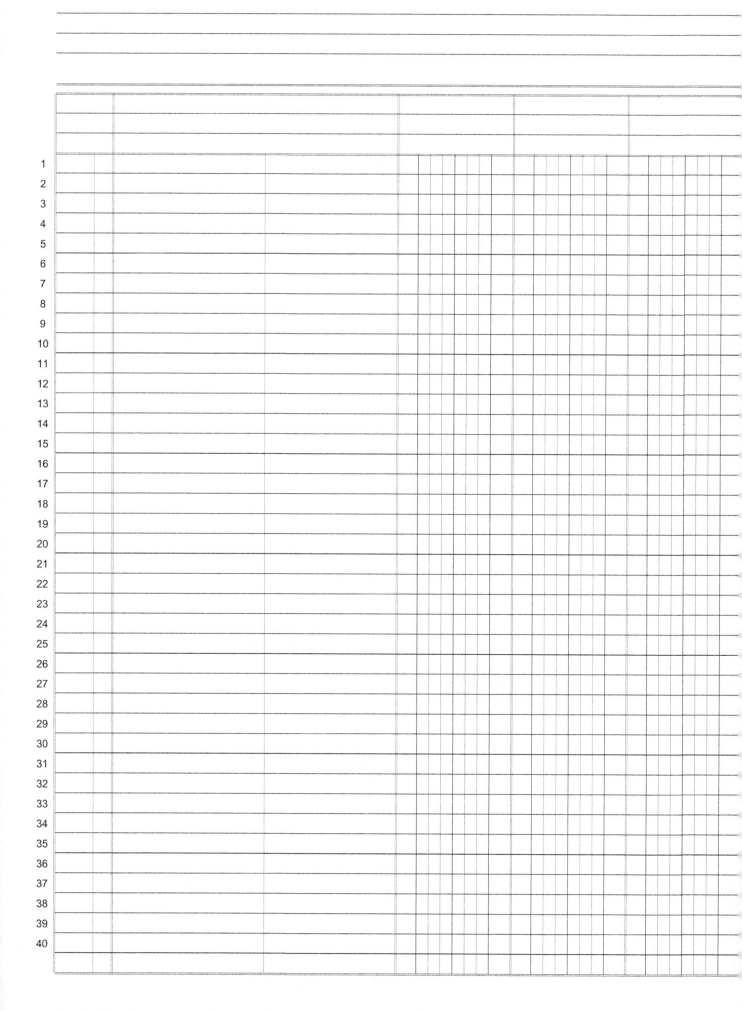

					1
					2
					3
					4
					5
					6
					7
					8
					9
					10
					11
					12
					13
					14
					15
					16
					17
					18
					19
					20
					21
					22
					23
					24
					25
					26
					27
					28
					29
					30
					31
					32
					33
					34
					35
					36
					37
					38
					39
					40

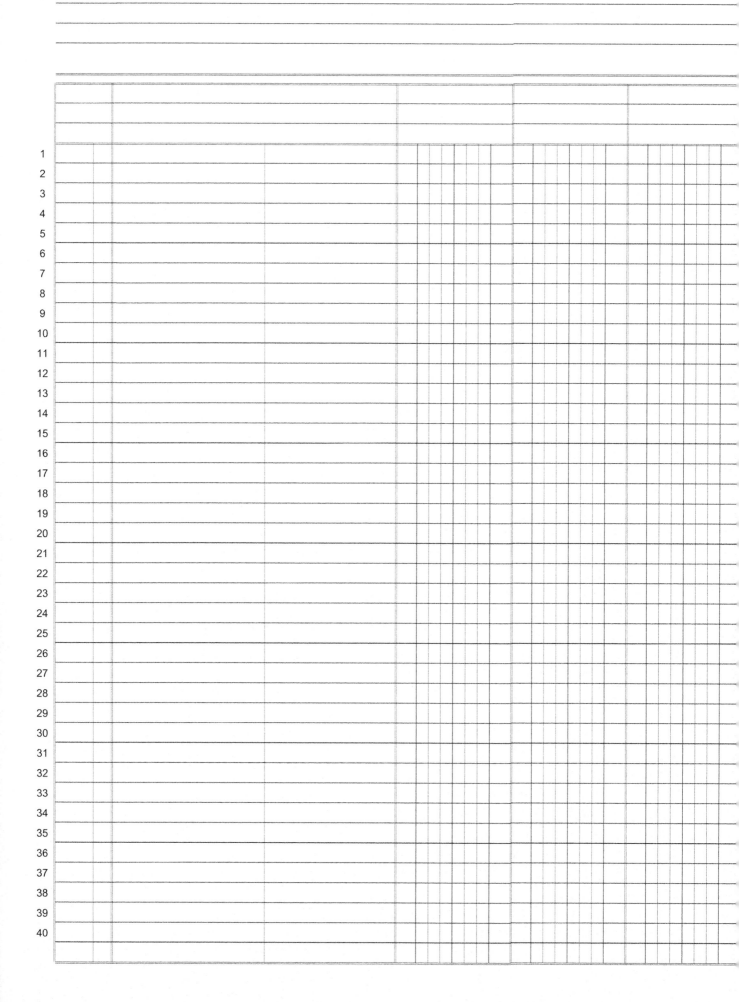

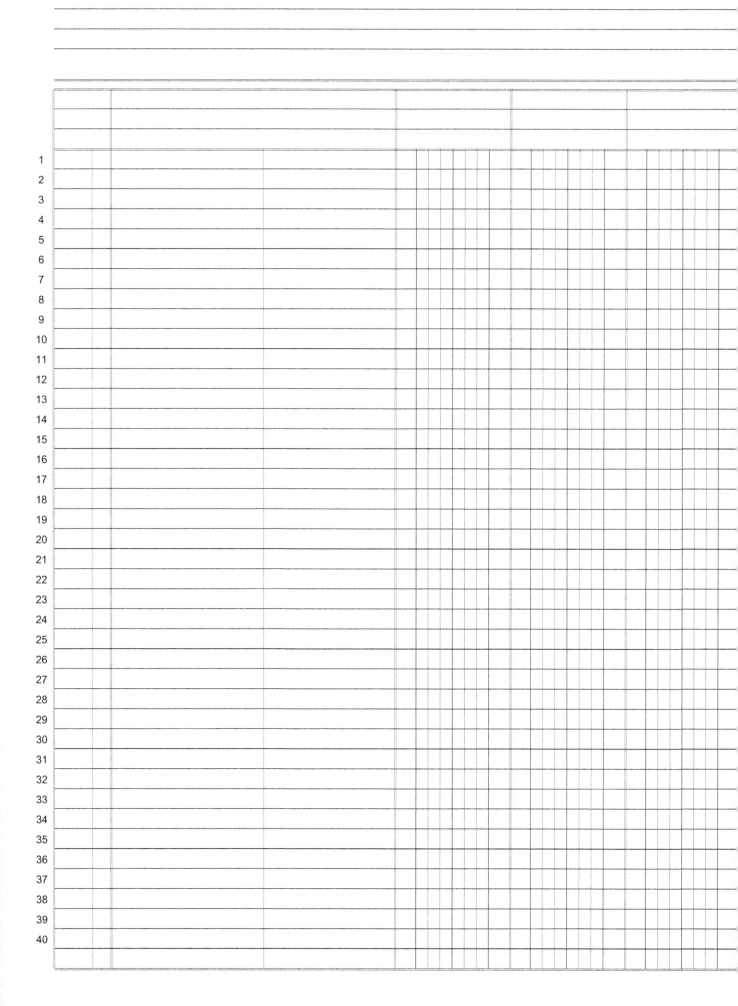

					1
					2
					3
					4
					5
					6
					7
					8
					9
					10
					11
					12
					13
					14
					15
					16
					17
					18
					19
					20
					21
					22
					23
					24
					25
					26
					27
					28
					29
					30
					31
					32
					33
					34
					35
					36
					37
					38
					39
					40

1							
2							
3							
4							
5							
6							
7							
8							
9							
10							
11							
12							
13							
14							
15							
16							
17							
18							
19							
20							
21							
22							
23							
24							
25							
26							
27							
28							
29							
30							
31							
32							
33							
34							
35							
36							
37							
38							
39							
40							

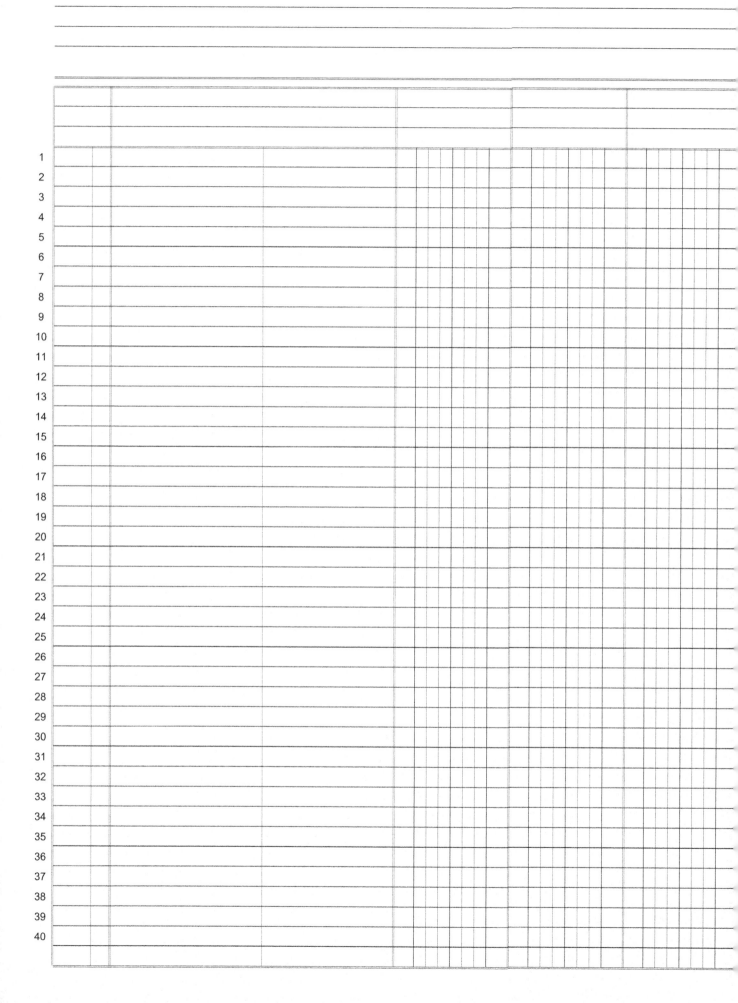

1						
2						
3						
4						
5						
6						
7						
8						
9						
10						
11						
12						
13						
14						
15						
16						
17						
18						
19						
20						
21						
22						
23						
24						
25						
26						
27						
28						
29						
30						
31						
32						
33						
34						
35						
36						
37						
38						
39						
40						

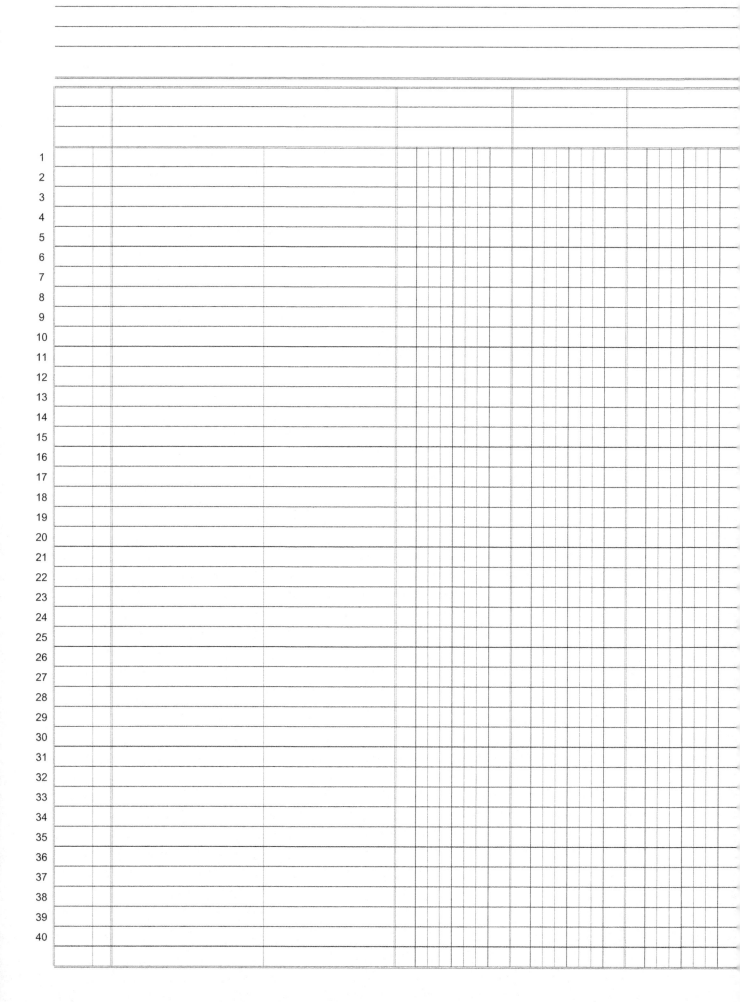

1						
2						
3						
4						
5						
6						
7						
8						
9						
10						
11						
12						
13						
14						
15						
16						
17						
18						
19						
20						
21						
22						
23						
24						
25						
26						
27						
28						
29						
30						
31						
32						
33						
34						
35						
36						
37						
38						
39						
40						

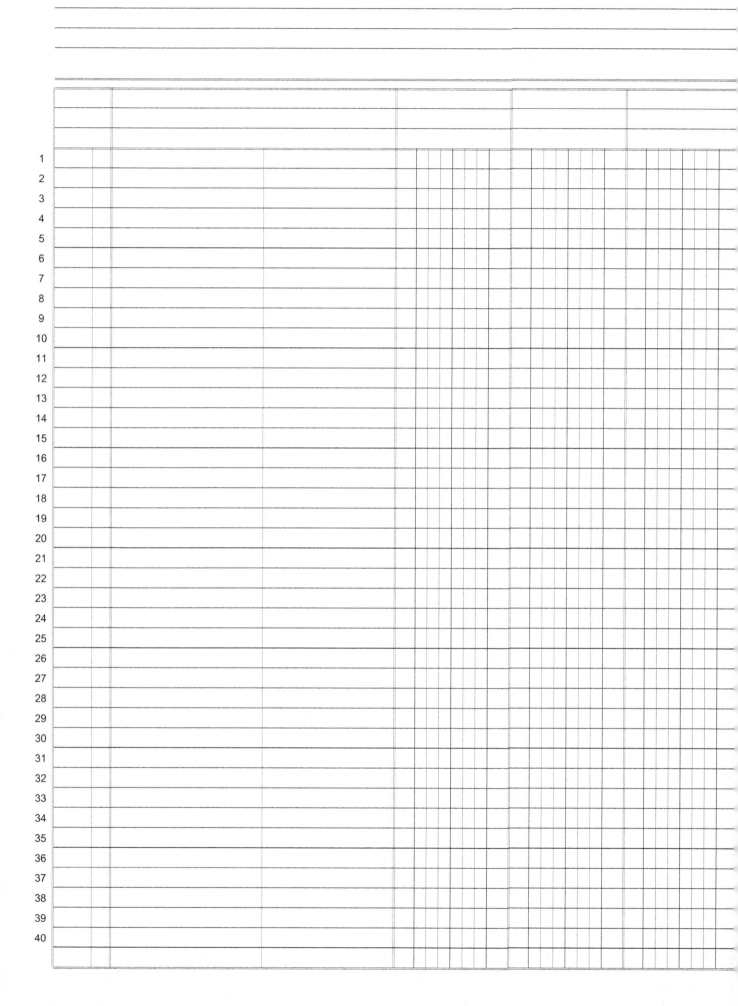

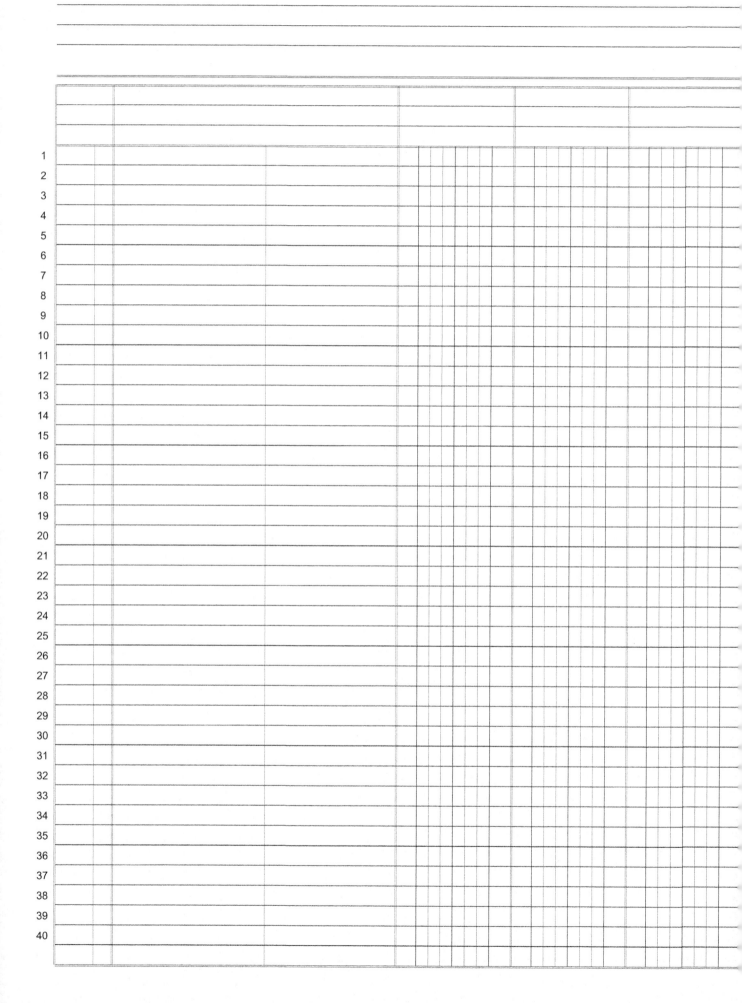

1						
2						
3						
4						
5						
6						
7						
8						
9						
10						
11						
12						
13						
14						
15						
16						
17						
18						
19						
20						
21						
22						
23						
24						
25						
26						
27						
28						
29						
30						
31						
32						
33						
34						
35						
36						
37						
38						
39						
40						

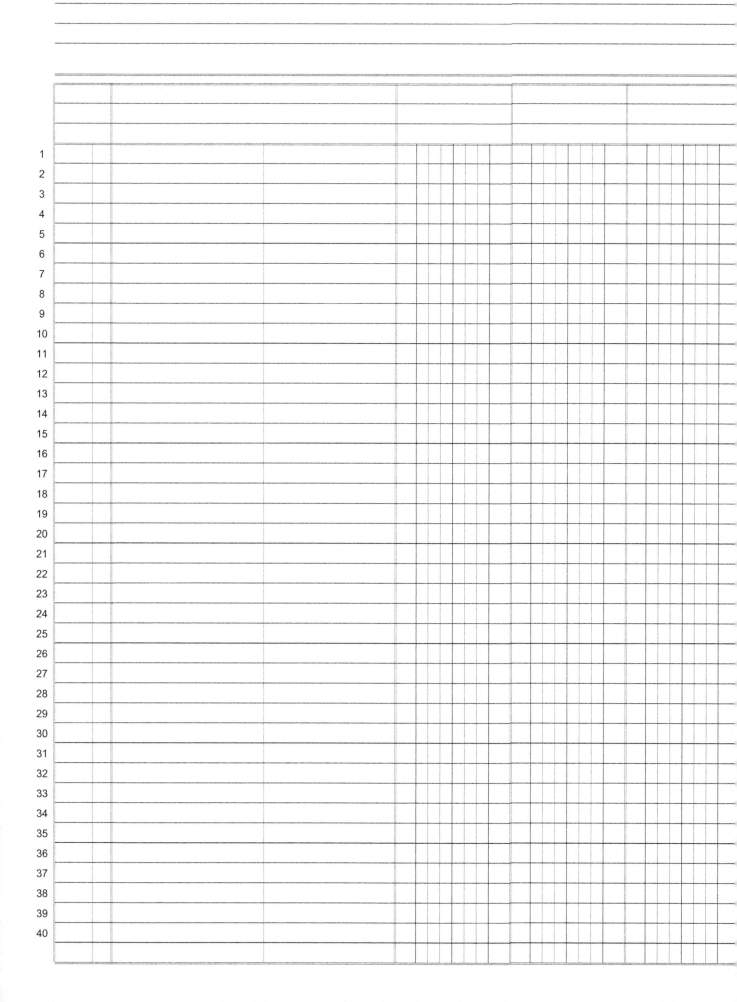

1	
2	
3	
4	
5	
6	
7	
8	
9	
10	
11	
12	
13	
14	
15	
16	
17	
18	
19	
20	
21	
22	
23	
24	
25	
26	
27	
28	
29	
30	
31	
32	
33	
34	
35	
36	
37	
38	
39	
40	

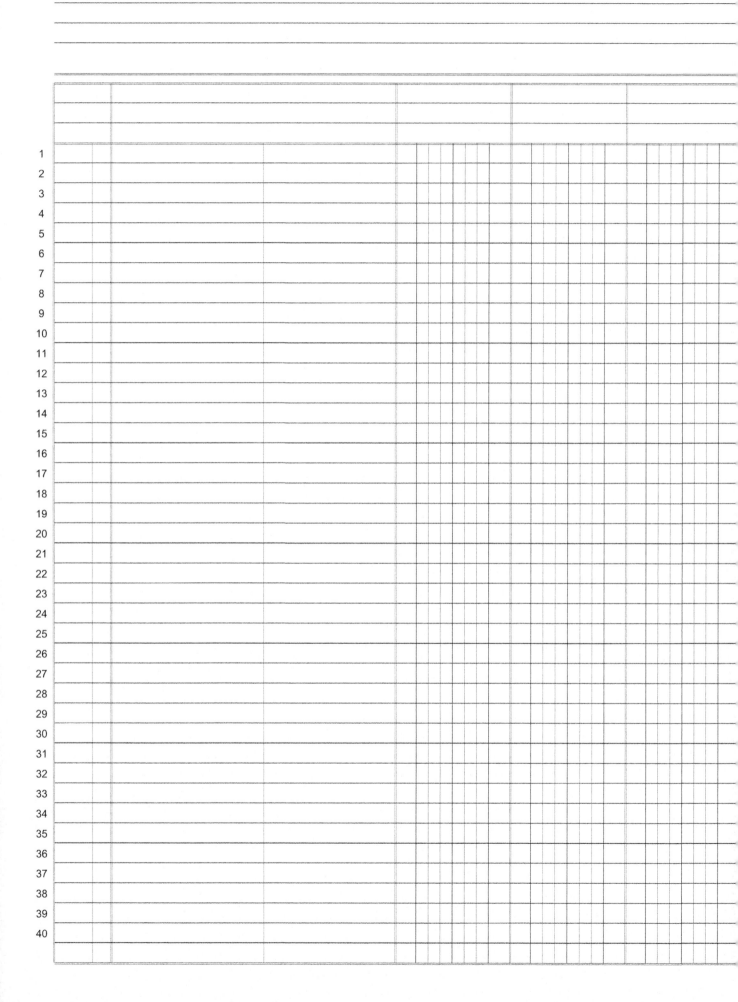

1					
2					
3					
4					
5					
6					
7					
8					
9					
10					
11					
12					
13					
14					
15					
16					
17					
18					
19					
20					
21					
22					
23					
24					
25					
26					
27					
28					
29					
30					
31					
32					
33					
34					
35					
36					
37					
38					
39					
40					

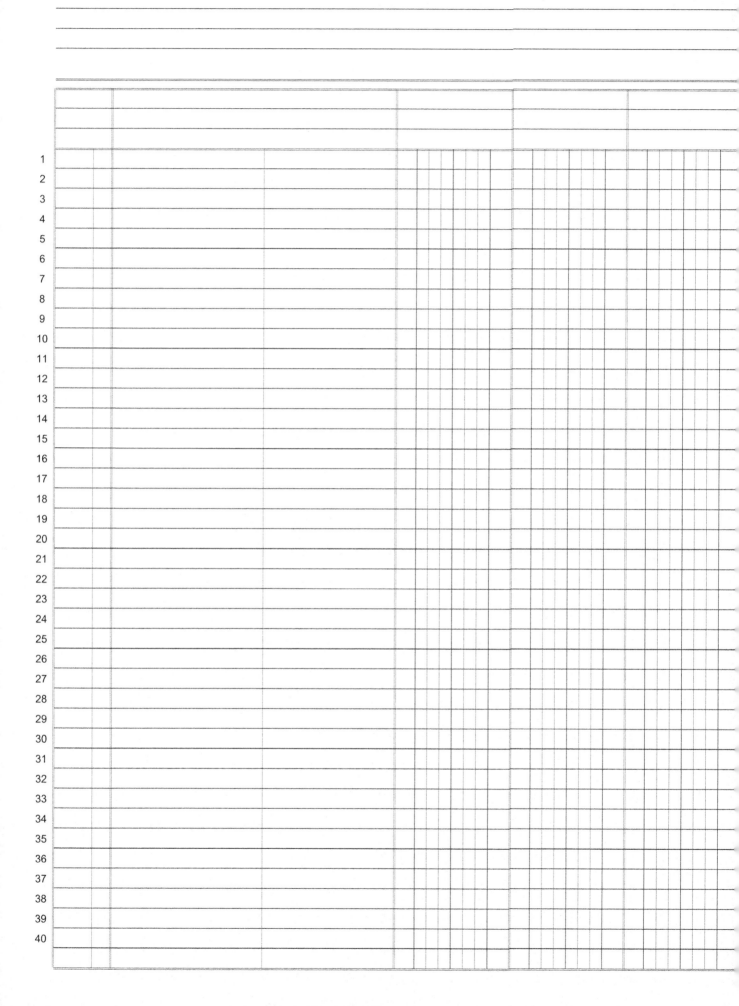

1						
2						
3						
4						
5						
6						
7						
8						
9						
10						
11						
12						
13						
14						
15						
16						
17						
18						
19						
20						
21						
22						
23						
24						
25						
26						
27						
28						
29						
30						
31						
32						
33						
34						
35						
36						
37						
38						
39						
40						

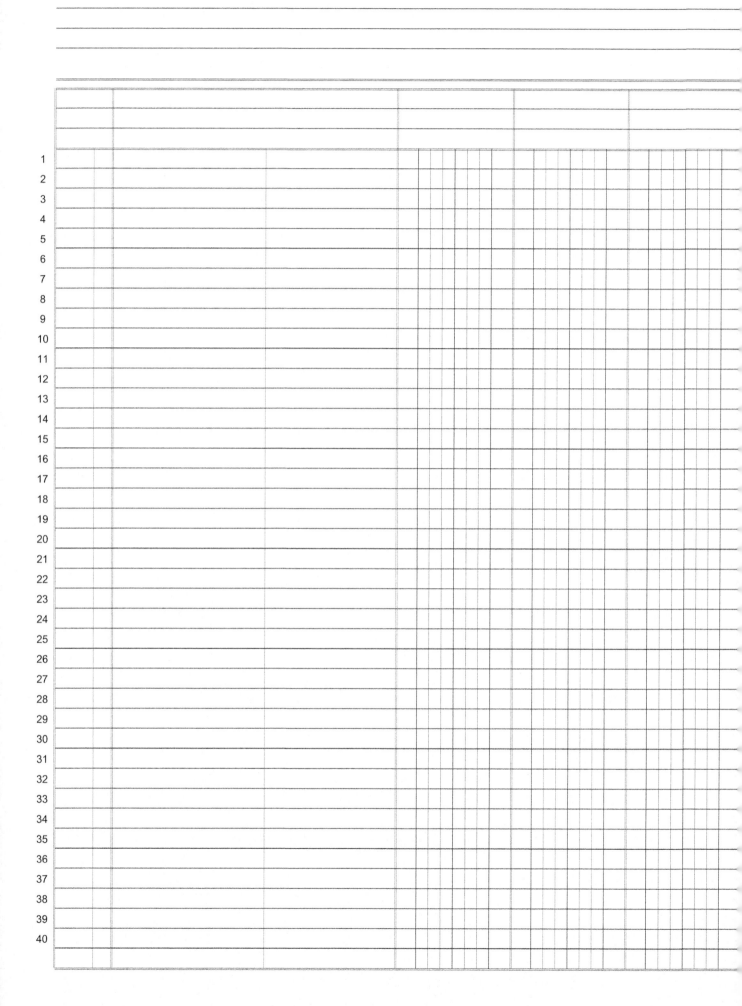

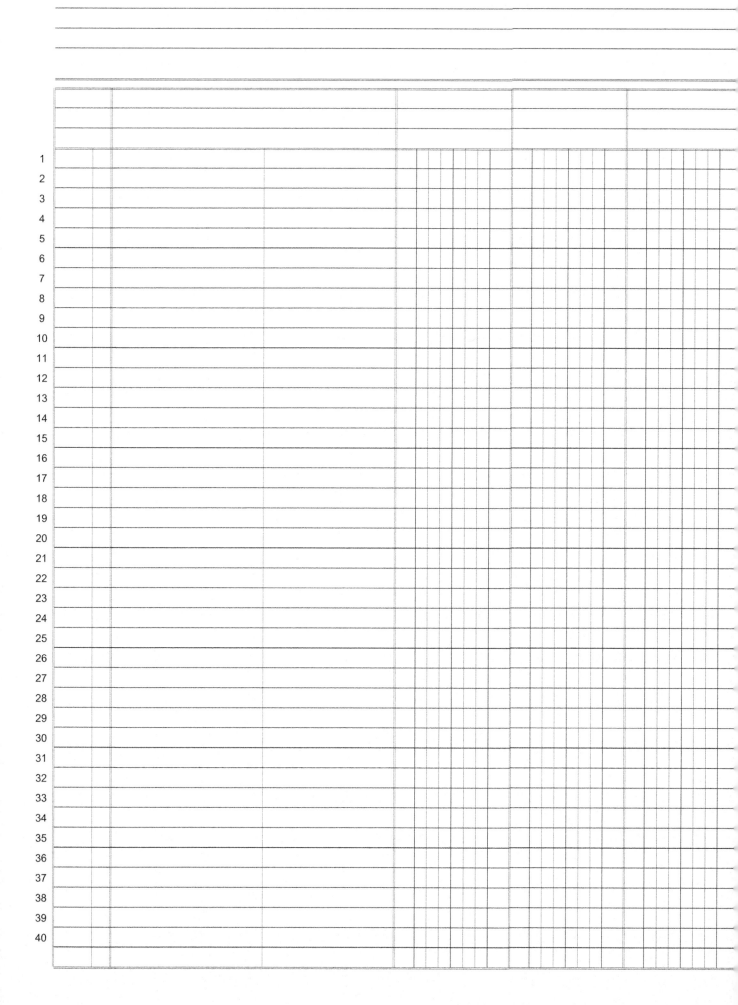

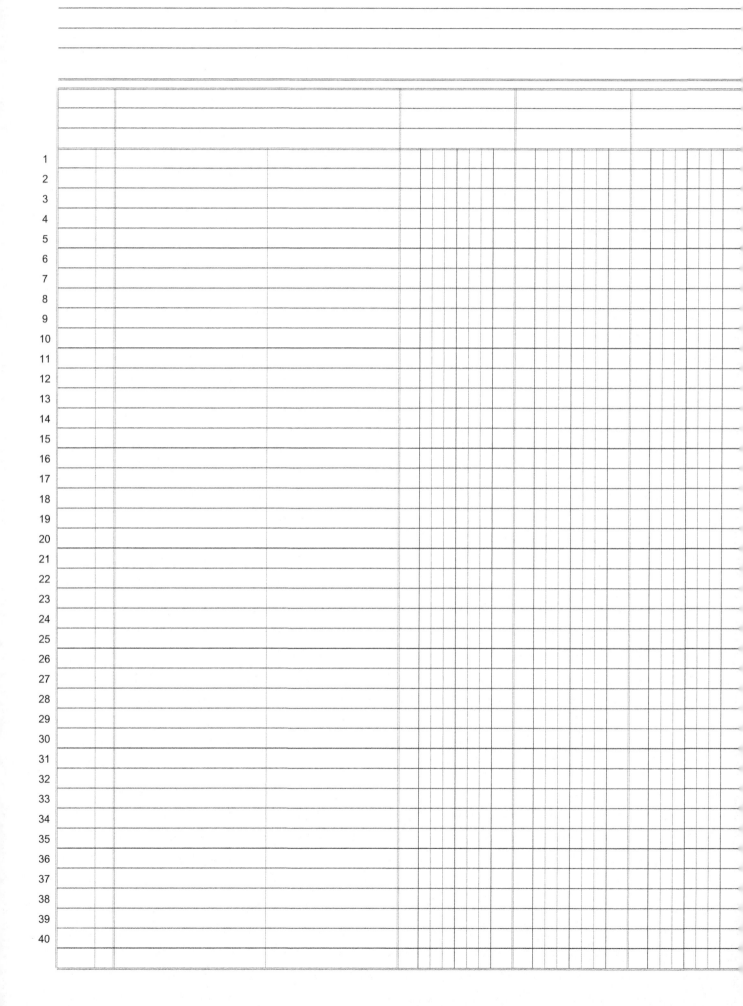

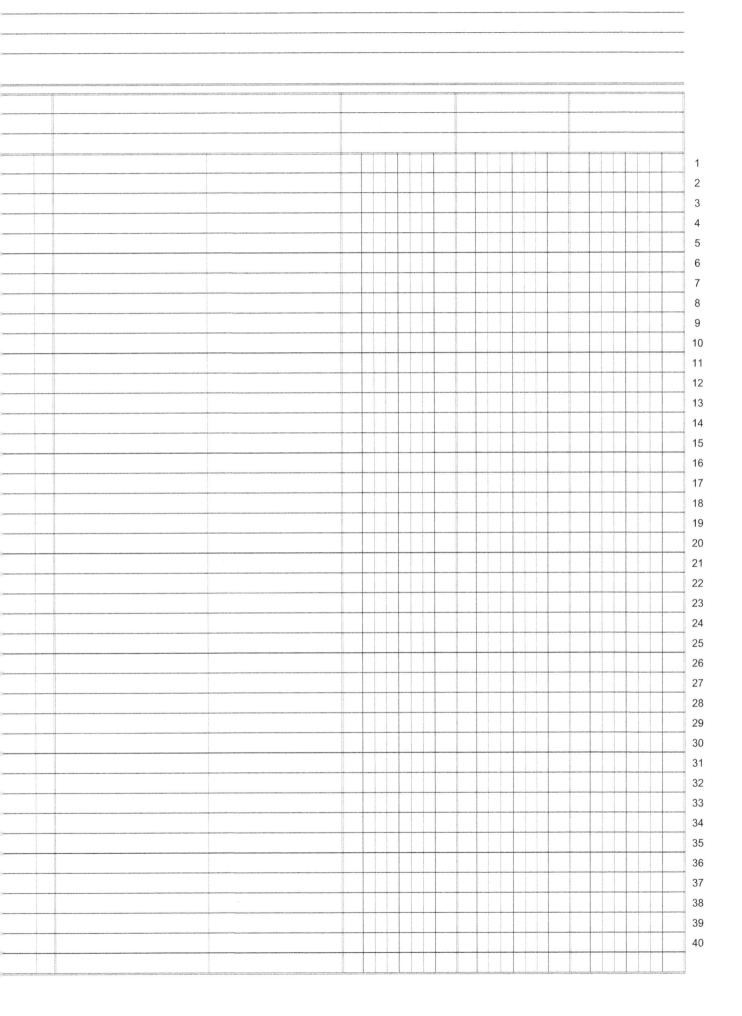

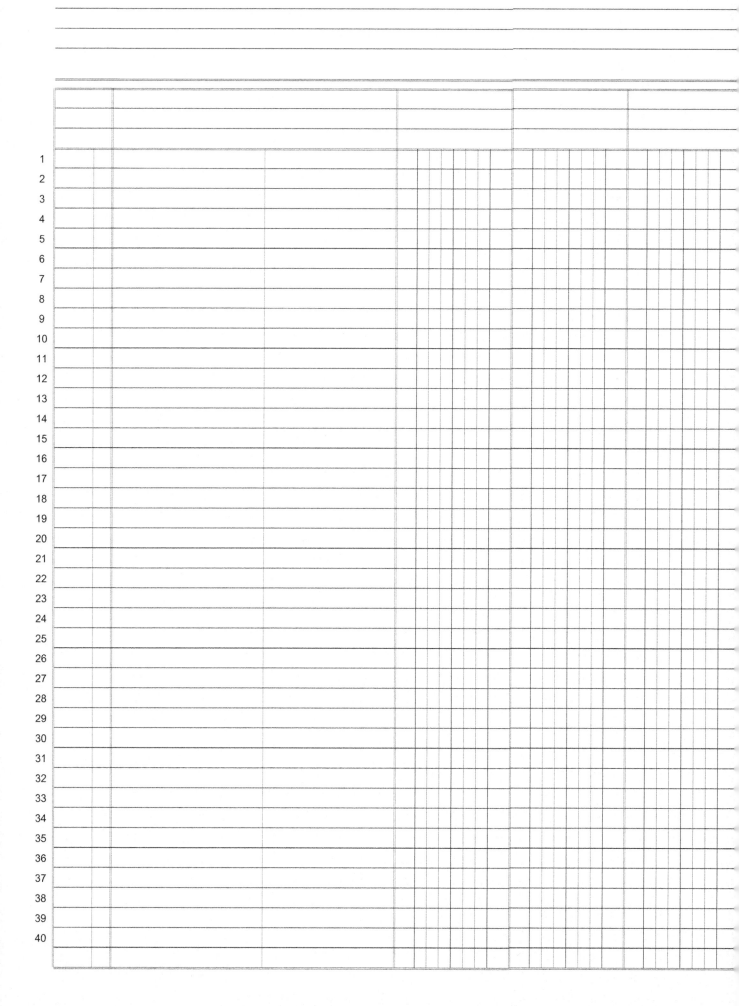

							1
							2
							3
							4
							5
							6
							7
							8
							9
							10
							11
							12
							13
							14
							15
							16
							17
							18
							19
							20
							21
							22
							23
							24
							25
							26
							27
							28
							29
							30
							31
							32
							33
							34
							35
							36
							37
							38
							39
							40

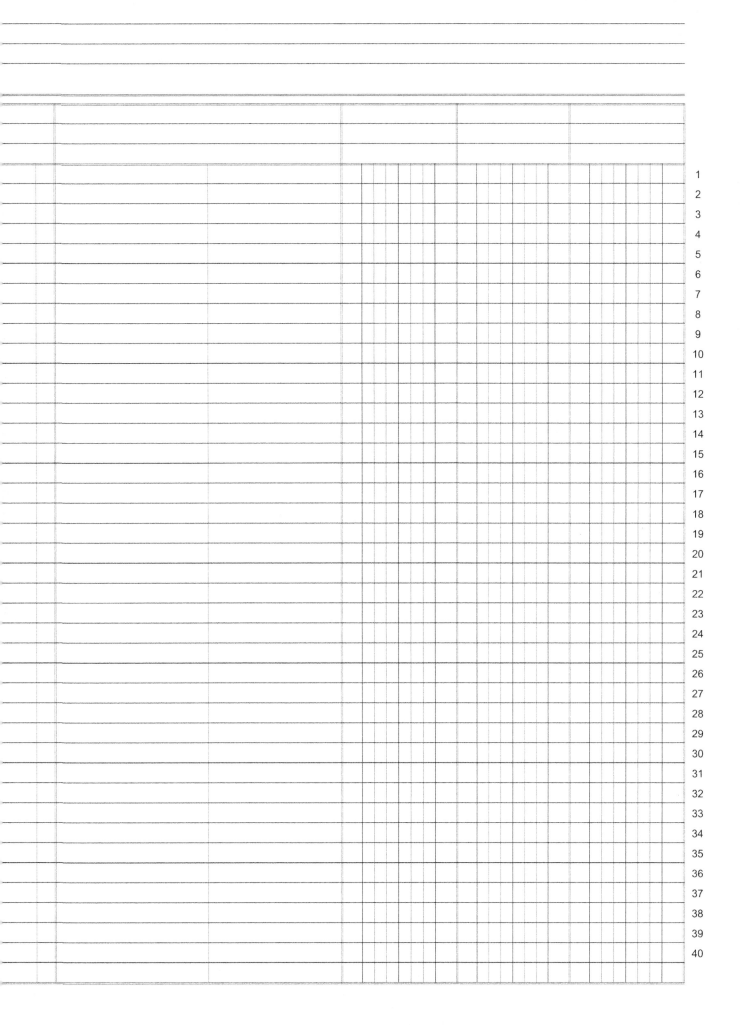

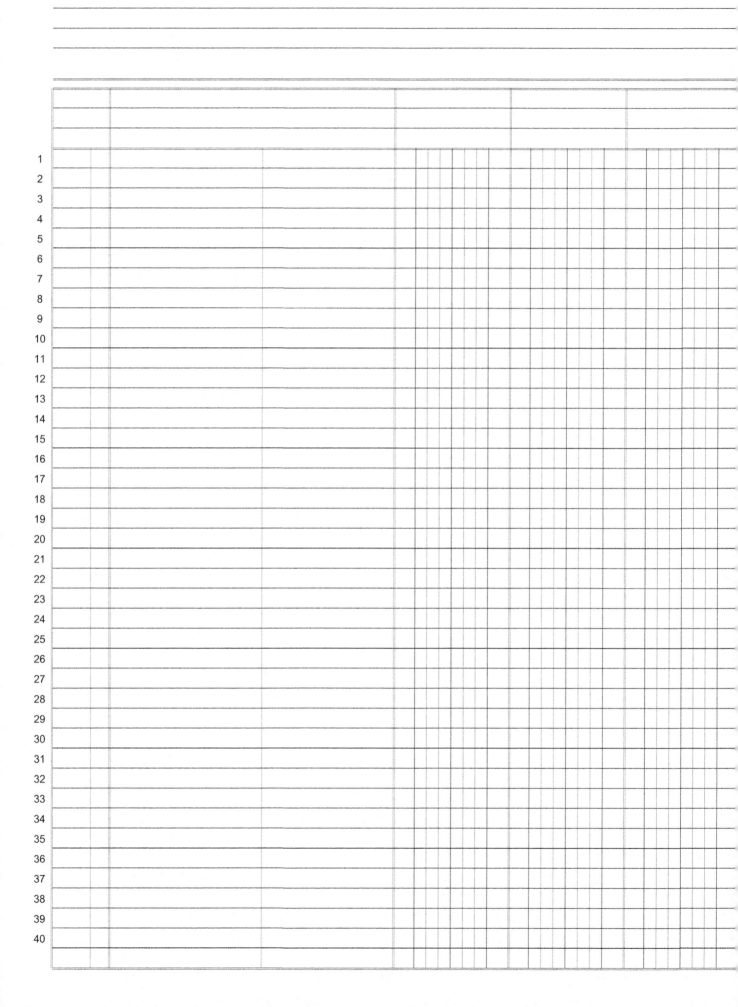

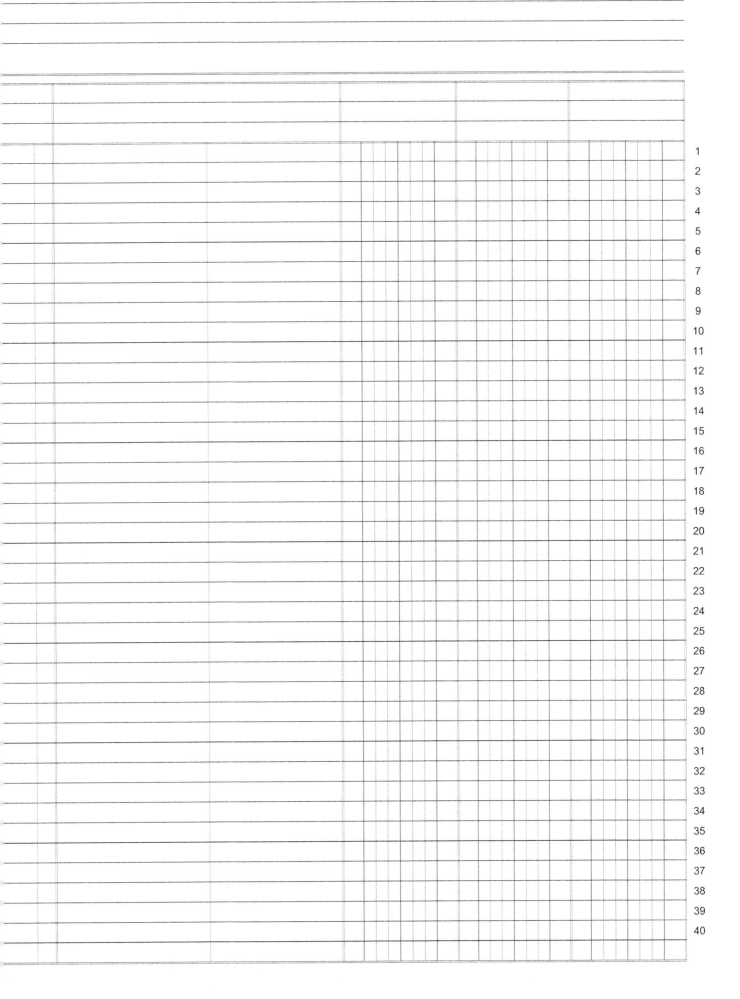

1					
2					
3					
4					
5					
6					
7					
8					
9					
10					
11					
12					
13					
14					
15					
16					
17					
18					
19					
20					
21					
22					
23					
24					
25					
26					
27					
28					
29					
30					
31					
32					
33					
34					
35					
36					
37					
38					
39					
40					

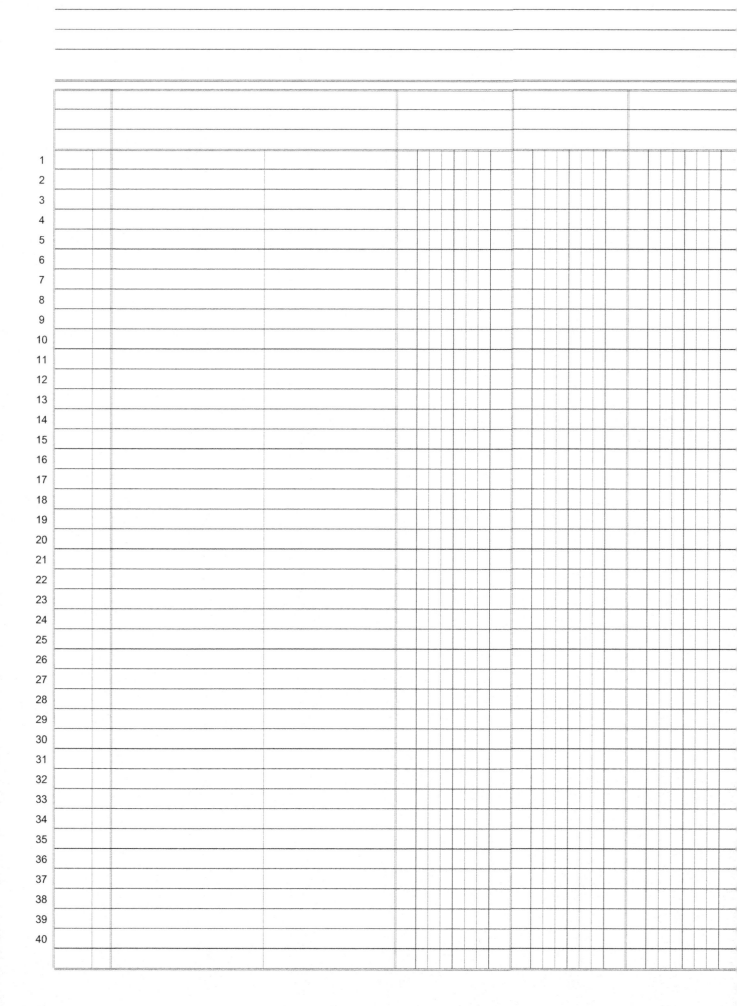

								1
								2
								3
								4
								5
								6
								7
								8
								9
								10
								11
								12
								13
								14
								15
								16
								17
								18
								19
								20
								21
								22
								23
								24
								25
								26
								27
								28
								29
								30
								31
								32
								33
								34
								35
								36
								37
								38
								39
								40

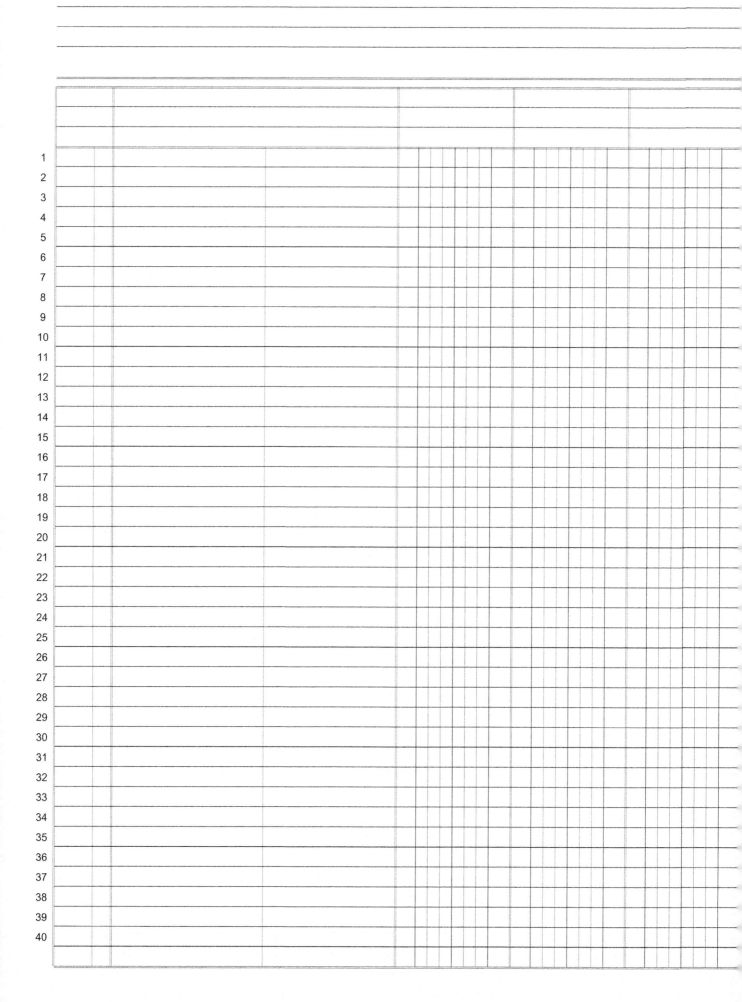

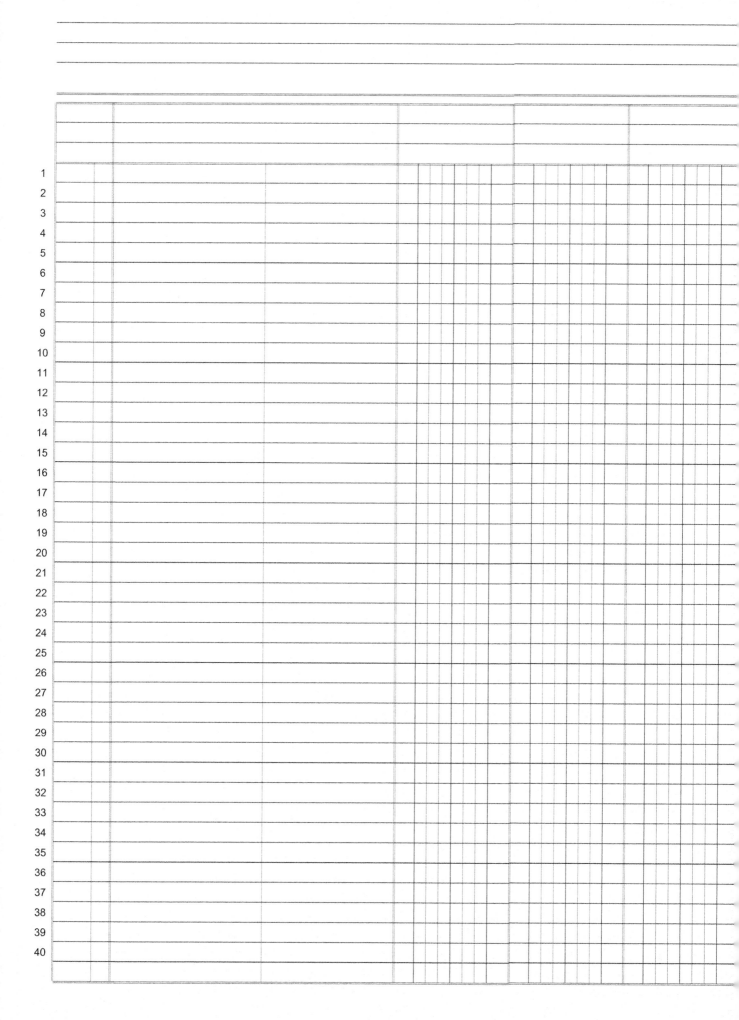

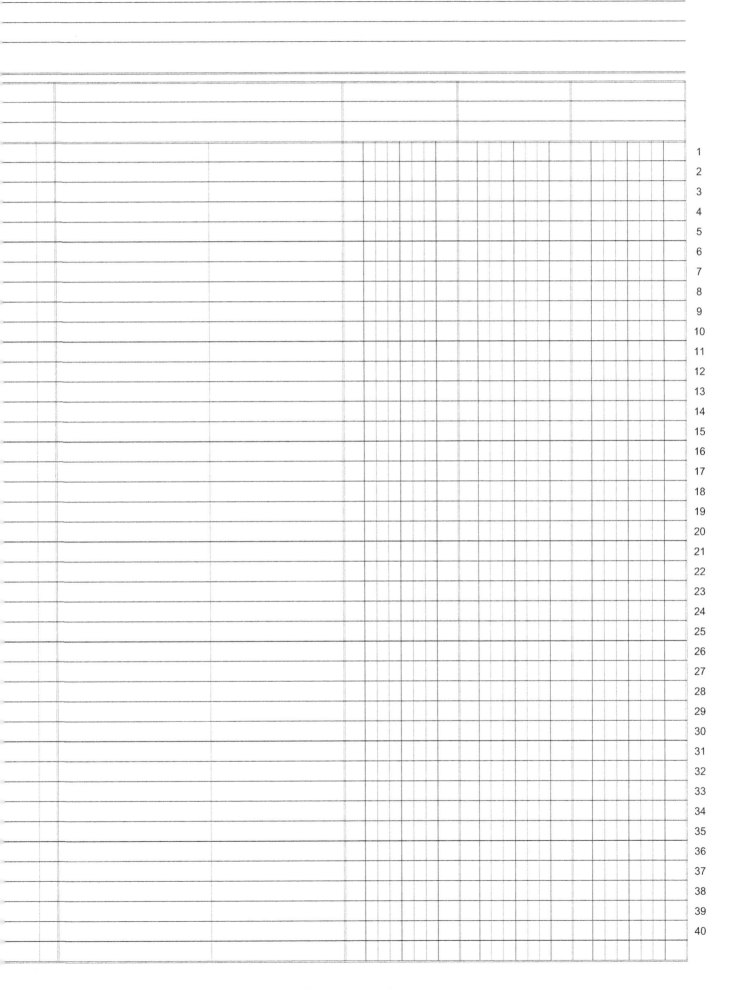

1	
2	
3	
4	
5	
6	
7	
8	
9	
10	
11	
12	
13	
14	
15	
16	
17	
18	
19	
20	
21	
22	
23	
24	
25	
26	
27	
28	
29	
30	
31	
32	
33	
34	
35	
36	
37	
38	
39	
40	

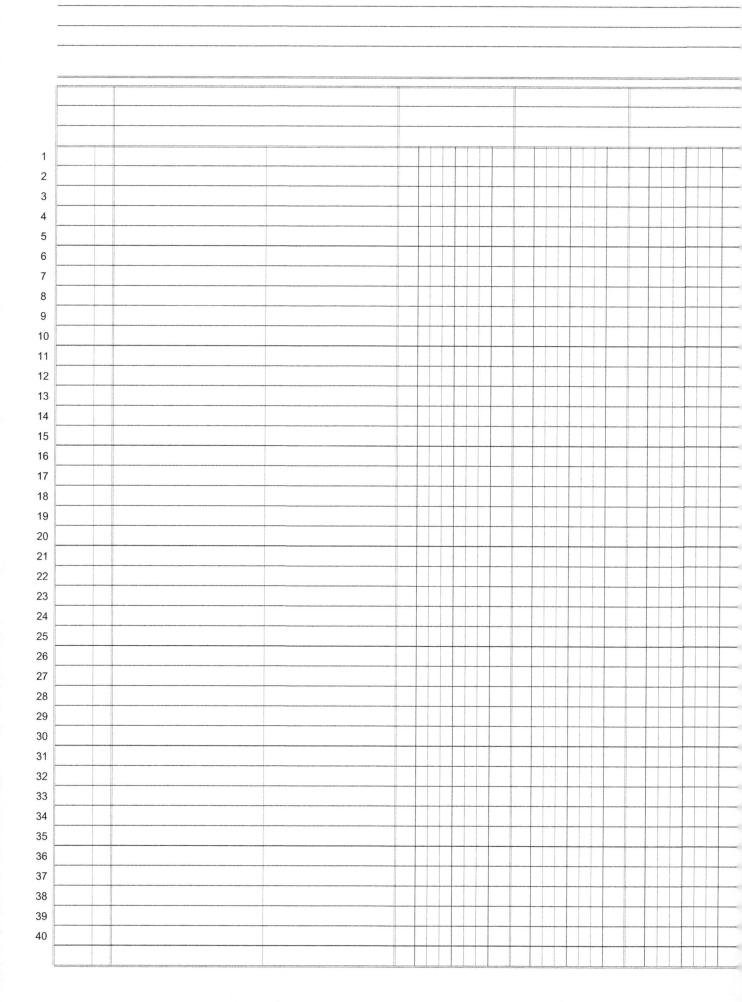

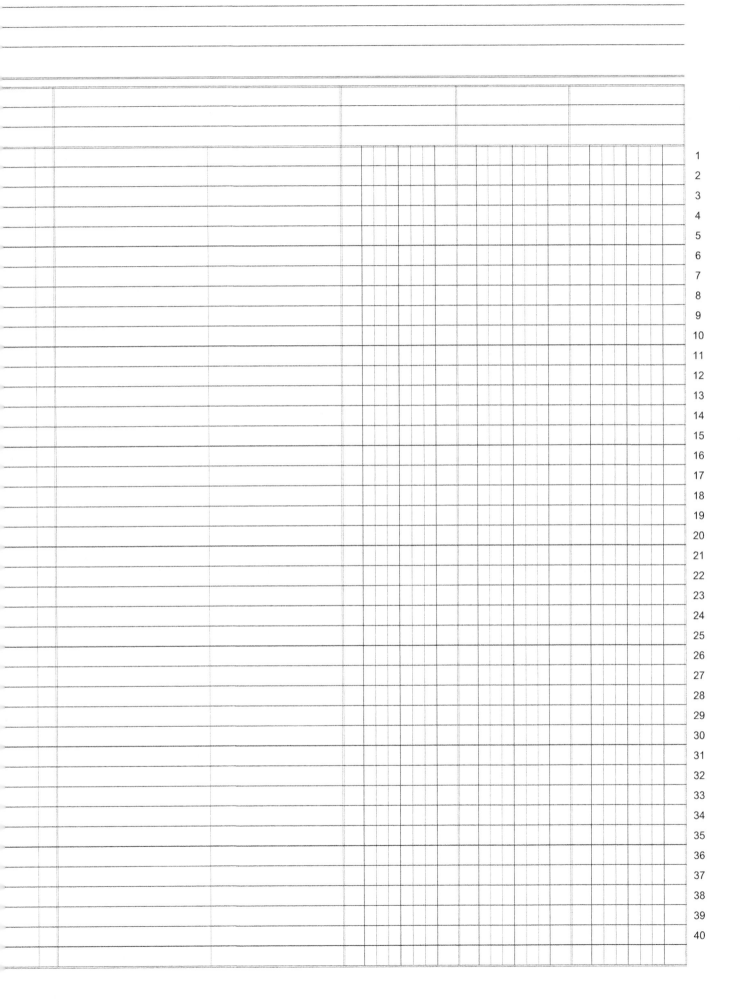

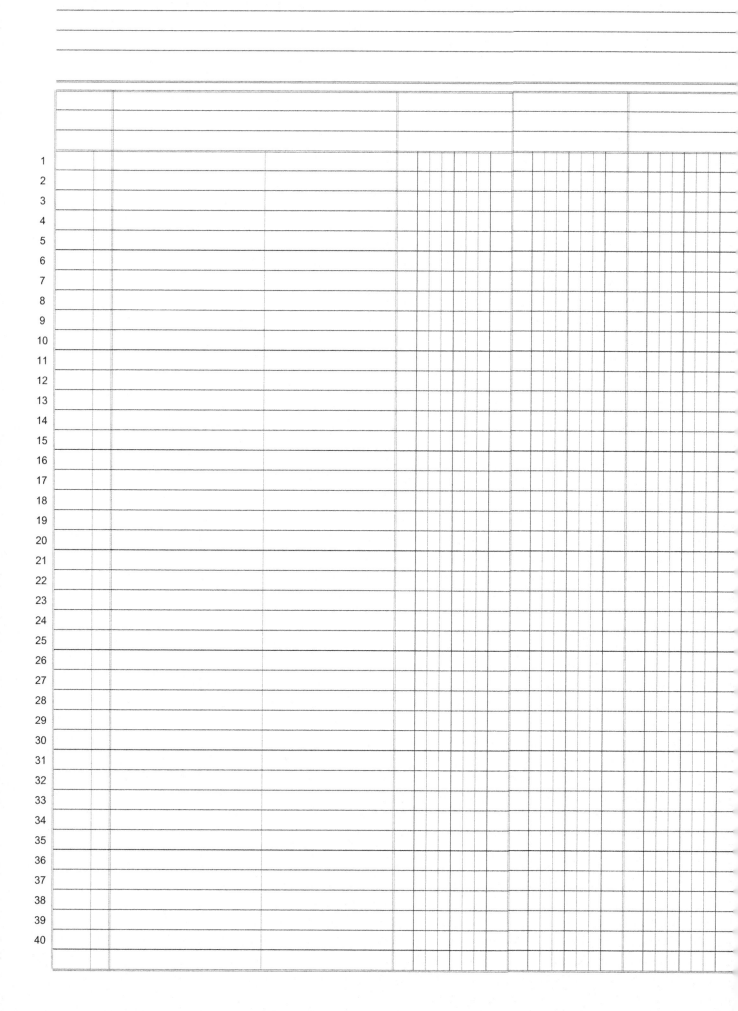

1					
2					
3					
4					
5					
6					
7					
8					
9					
10					
11					
12					
13					
14					
15					
16					
17					
18					
19					
20					
21					
22					
23					
24					
25					
26					
27					
28					
29					
30					
31					
32					
33					
34					
35					
36					
37					
38					
39					
40					

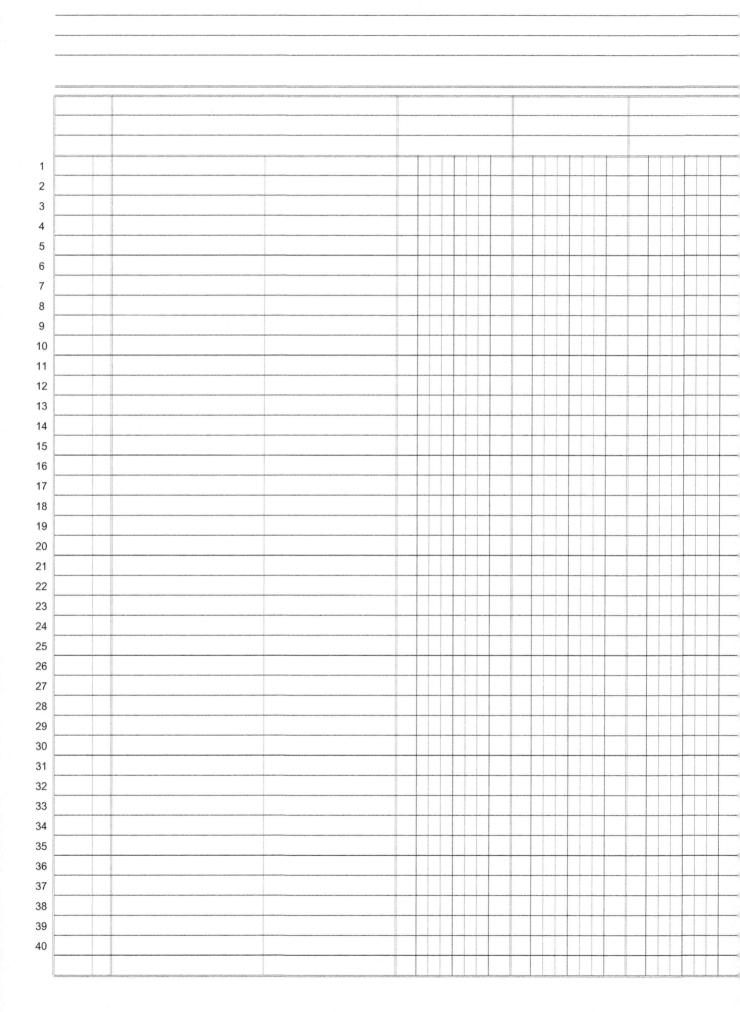

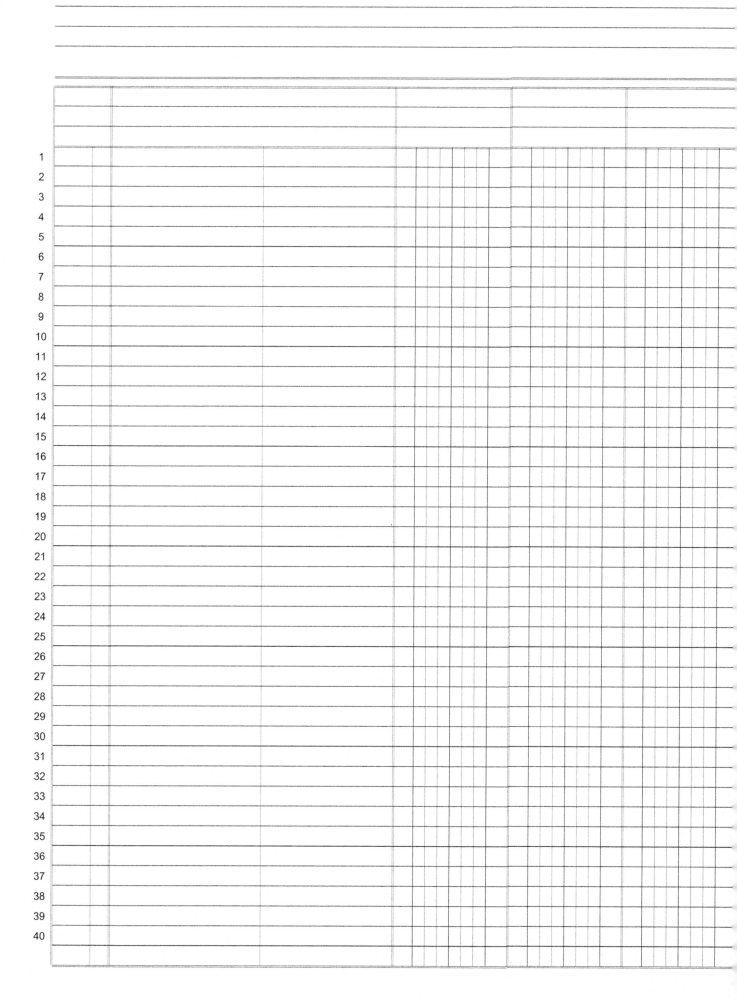

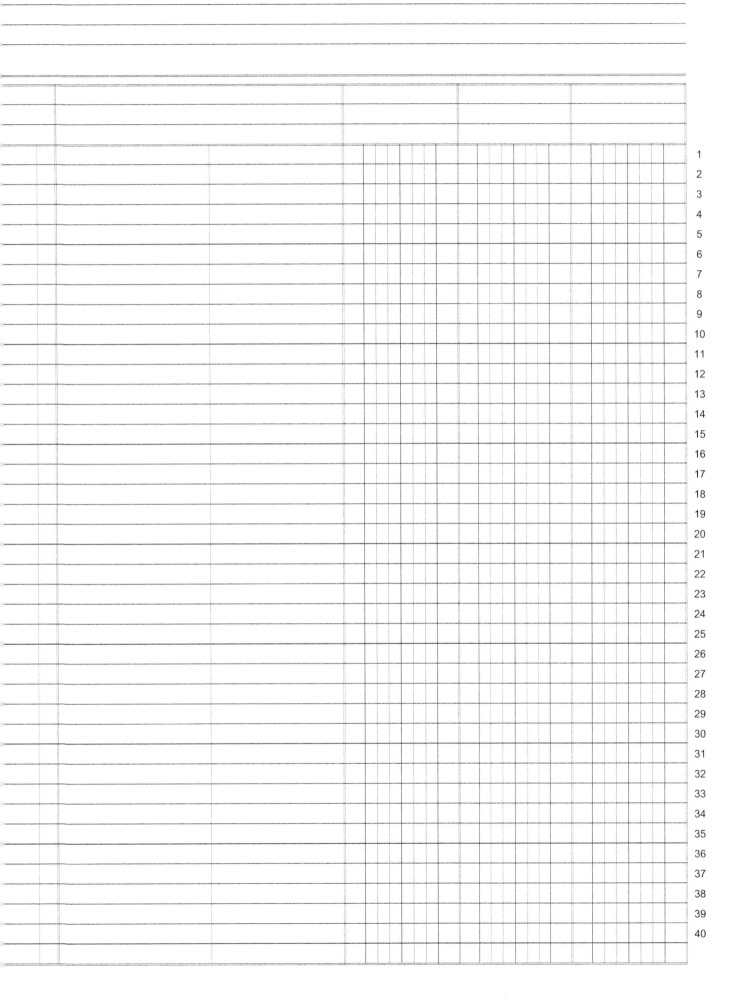

1							
2							
3							
4							
5							
6							
7							
8							
9							
10							
11							
12							
13							
14							
15							
16							
17							
18							
19							
20							
21							
22							
23							
24							
25							
26							
27							
28							
29							
30							
31							
32							
33							
34							
35							
36							
37							
38							
39							
40							

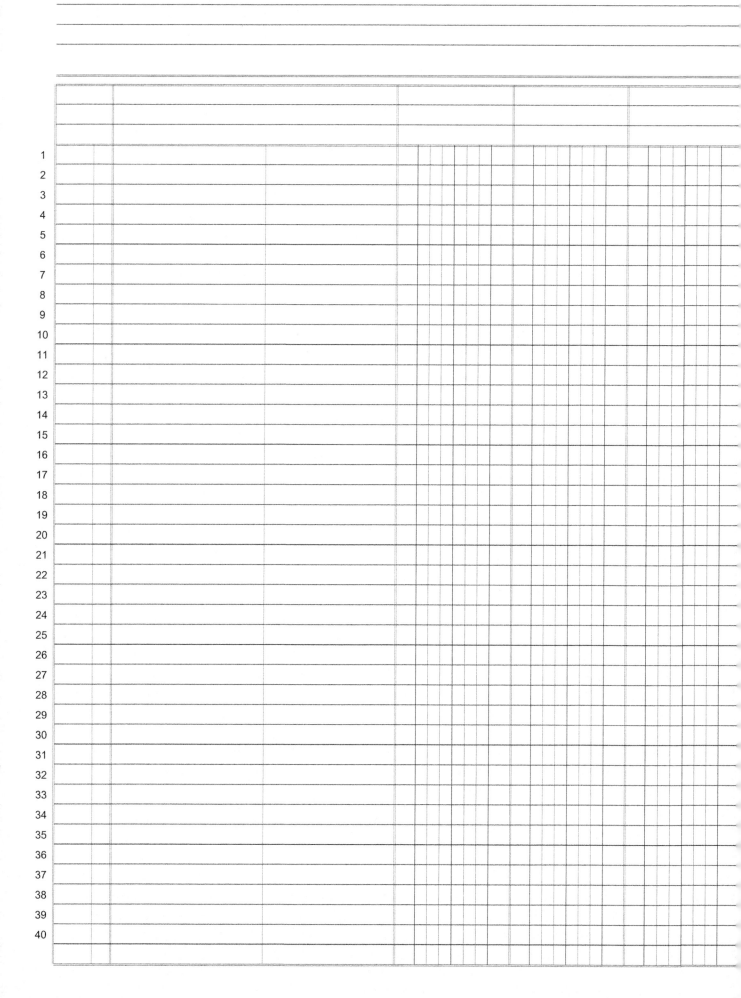

1							
2							
3							
4							
5							
6							
7							
8							
9							
10							
11							
12							
13							
14							
15							
16							
17							
18							
19							
20							
21							
22							
23							
24							
25							
26							
27							
28							
29							
30							
31							
32							
33							
34							
35							
36							
37							
38							
39							
40							

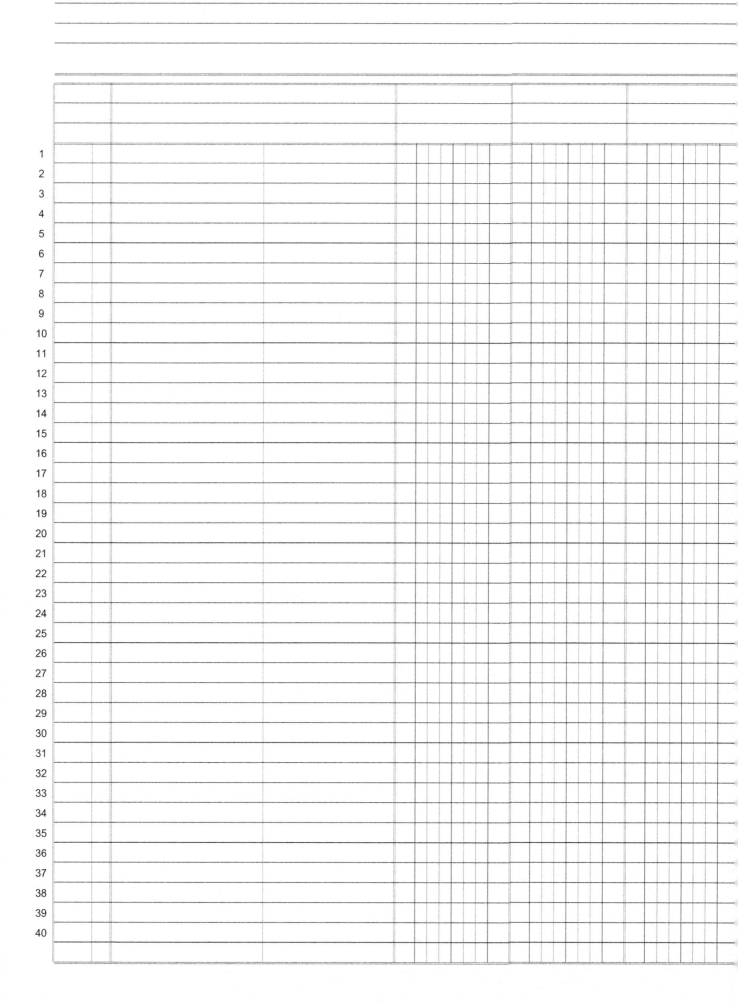

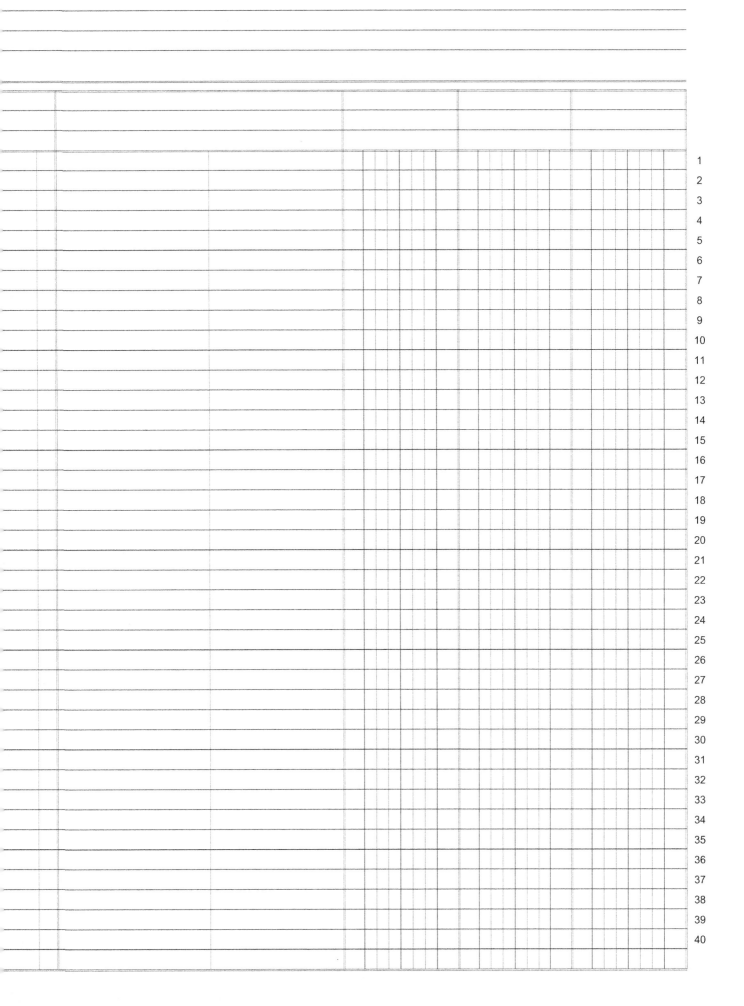

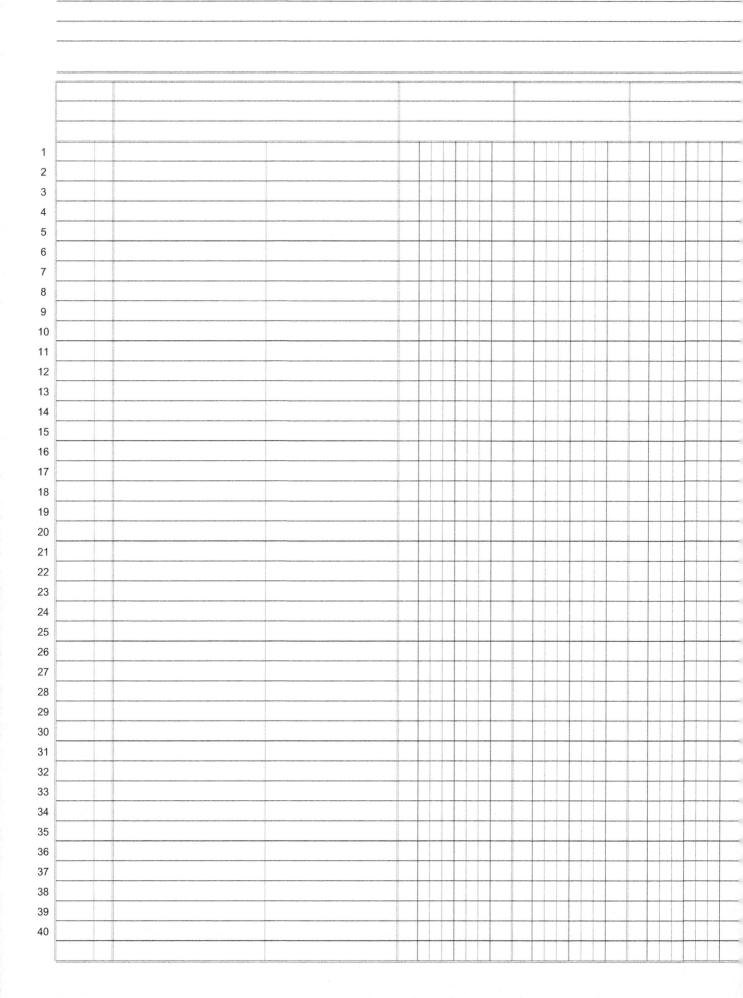

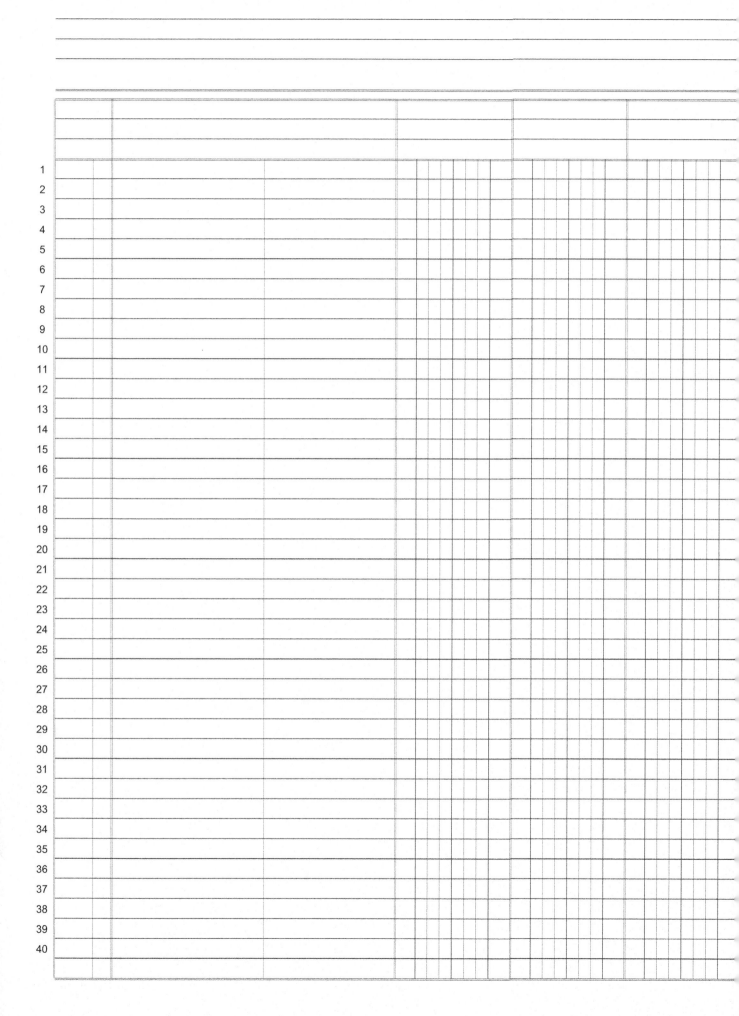

1	
2	
3	
4	
5	
6	
7	
8	
9	
10	
11	
12	
13	
14	
15	
16	
17	
18	
19	
20	
21	
22	
23	
24	
25	
26	
27	
28	
29	
30	
31	
32	
33	
34	
35	
36	
37	
38	
39	
40	

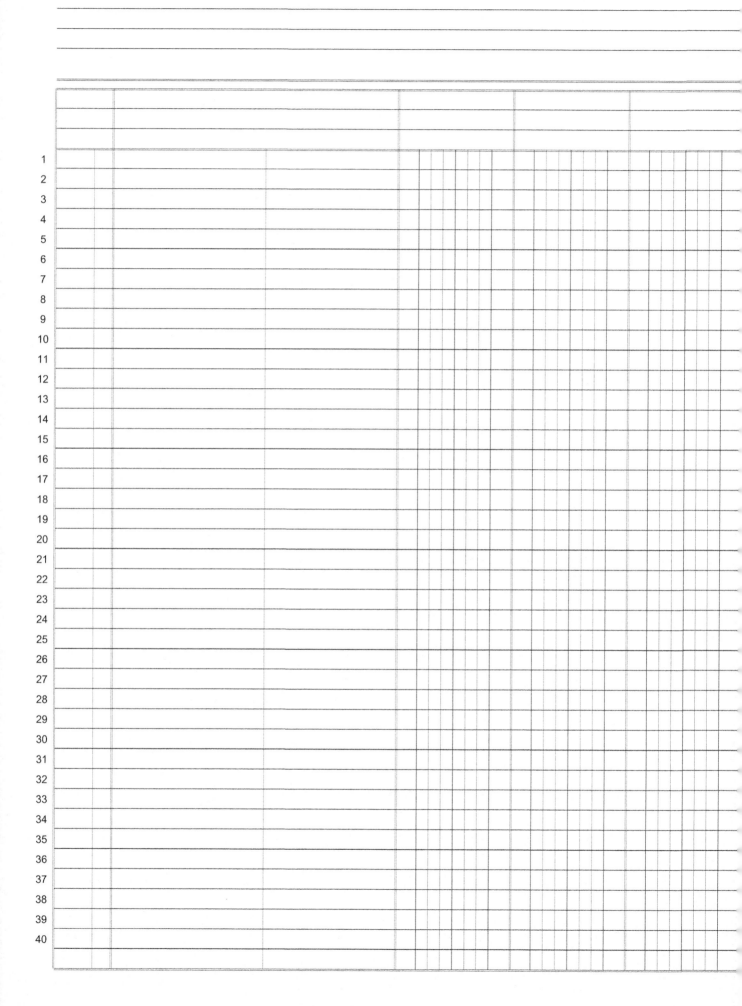

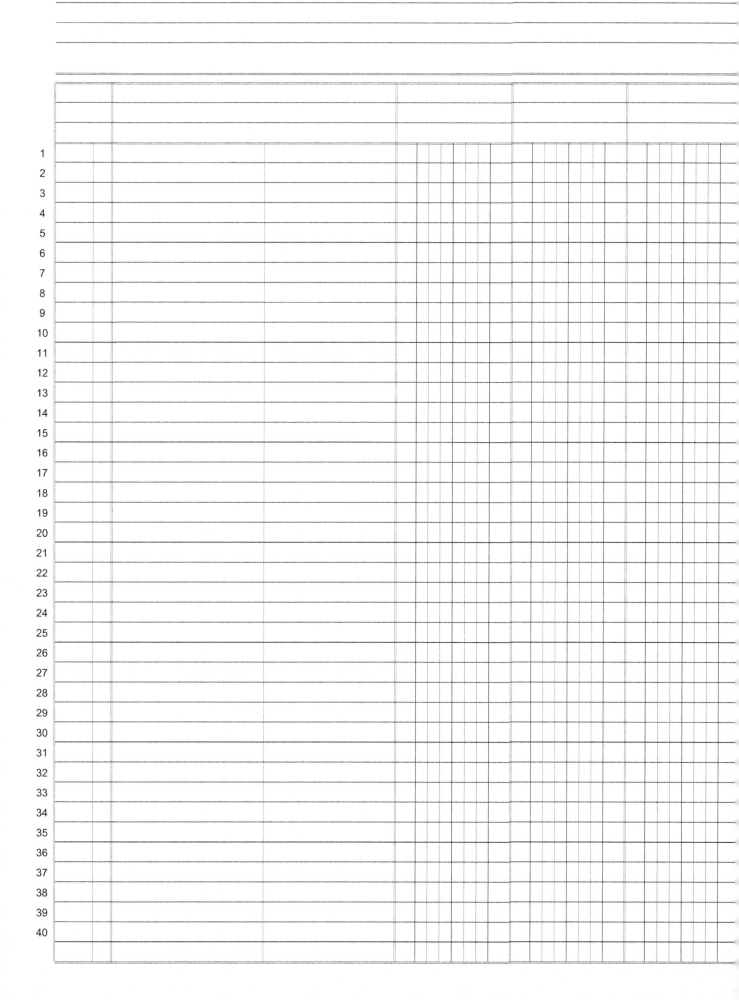

1	
2	
3	
4	
5	
6	
7	
8	
9	
10	
11	
12	
13	
14	
15	
16	
17	
18	
19	
20	
21	
22	
23	
24	
25	
26	
27	
28	
29	
30	
31	
32	
33	
34	
35	
36	
37	
38	
39	
40	

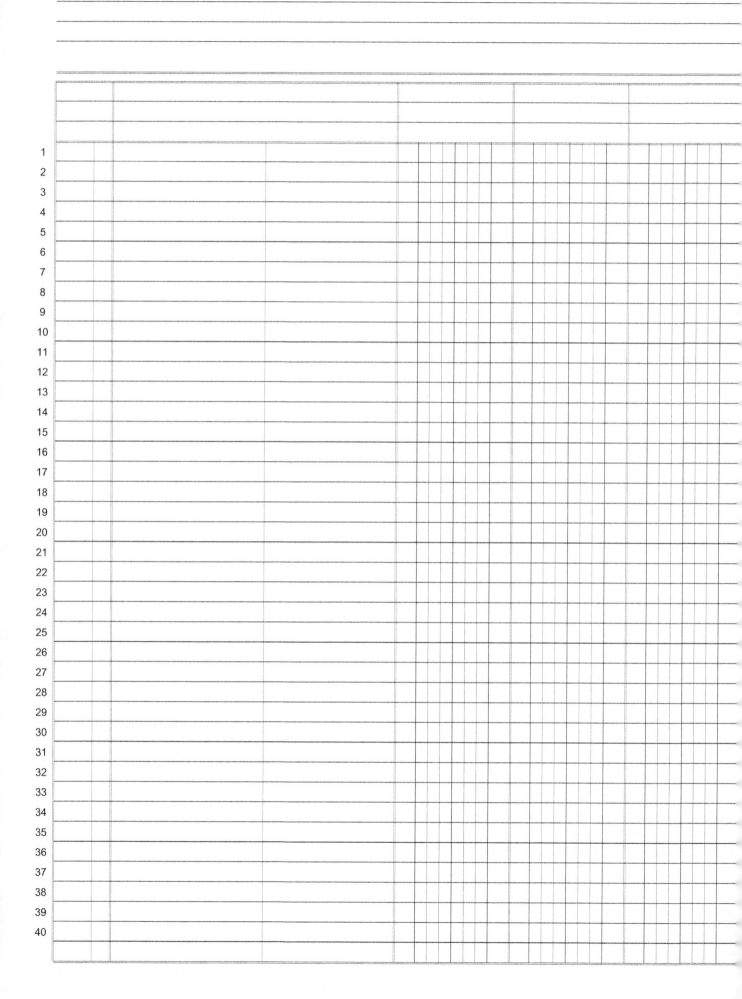

Made in the USA
Monee, IL
16 December 2021

85881513R10057